Birte Hilberg

Patchwork planen und entwerfen

Flower Power

Grösse 125 x 125 cm.
Der Entwurf ist auf Seite 12, Abb. 15 abgebildet.

Birte Hilberg

Patchwork planen und entwerfen

350 Muster für Patchwork-Arbeiten

Verlag Paul Haupt Bern · Stuttgart · Wien

Die englische Originalausgabe ist im Verlag David & Charles unter folgendem Titel erschienen:
The Patchwork Planner, 350 Original Designs for Traditional Patchwork von Birte Hilberg

Fotografien von Paul Biddle

Aus dem Englischen übersetzt von Beate Gorman, D-Marl

Die deutsche Bibliothek – CIP-Einheitsaufnahme

Patchwork planen und entwerfen :
350 Muster für Patchwork-Arbeiten /
Birte Hilberg. [Fotogr. von Paul Biddle.
Aus dem Engl. übersetzt von Beate Gorman] –
Bern ; Stuttgart ; Wien :
Haupt, 1955
Einheitssacht.: The patchwork planner <dt.>
ISBN 3-258-05036-8
NE: Hilberg, Birte; Biddle, Paul; Gorman, Beate [Übers.]; EST

Inhalt

Für Claus

Arktischer Sonnenuntergang

Tischdecke. Grösse 130 x 130 cm. 1991

Einleitung

Dieses Buch möchte eine neue Inspirationsquelle für Quiltherstellerinnen und -hersteller und andere an Handarbeiten Interessierte sein, die geometrische Muster in ihren Arbeiten verwenden. Es enthält etwa 350 neue Entwürfe, die aus einer noch viel grösseren Sammlung stammen. Sie entstanden, als ich mich damit beschäftigte, wie einfache Quadratmuster – in diesem Buch werden sie als «Einheiten» bezeichnet – zu komplizierten Entwürfen führen, wenn sie nach ein paar sehr einfachen Regeln entweder für sich allein oder zusammen mit anderen Einheiten zusammengesetzt werden.

Bei der Auswahl der Entwürfe wurde der Versuch unternommen, ein möglichst weites Spektrum abzudecken, das von zarten bis zu auffallenden Entwürfen reicht und Motive umfasst, die für alle möglichen Projekte geeignet sind: grosse Bettüberwürfe, Wandbehänge, Babyquilts oder andere Patchworkartikel. Viele Entwürfe werden in grossen Einheiten abgebildet, so dass man sofort sekundäre Muster entdeckt und einen besseren Eindruck von der fertigen Arbeit erhält.

Die Entwürfe sind meines Wissens nach völlig neu und noch nie in Büchern oder Zeitschriften erschienen. Dennoch sind sie ihrem Stil nach traditionell, und sie hätten auch früher erfunden werden *können*. Einige Blöcke ähneln vielleicht bekannten Entwürfen wie «Weg des Betrunkenen» und «Welt ohne Ende», aber sie wurden immer nur mit diesen Entwürfen in Zusammenhang gebracht. Dieses Buch zeigt, dass Einheiten im traditionellen Stil noch viel mehr zu bieten haben.

Wenn Sie die Entwürfe auf den nächsten Seiten näher betrachten, ist es wahrscheinlich hilfreich, das Buch hin und wieder um 90 Grad zu drehen. Es ist erstaunlich, wie sehr ein Entwurf sich ändern kann, wenn er waagrecht statt senkrecht betrachtet wird. Ausserdem lässt sich dann leichter erkennen, wie Einheiten miteinander interagieren und Entwürfe grösseren Massstabs erzeugen, wenn man einige Muster aus einiger Entfernung betrachtet.

Ich setze meine Arbeiten am liebsten von Hand zusammen, aber wenn Sie lieber mit der Nähmaschine arbeiten, sollte dies kein Problem darstellen. Eine Kombination der beiden Techniken ist wahrscheinlich am optimalsten – setzen Sie die Einheiten von Hand zusammen und nähen Sie sie dann mit der Maschine zusammen. Anleitungen zum Zuschneiden von Schablonen und zum Zusammensetzen der einzelnen Teile sind in diesem Buch nicht enthalten, da diese Themen von anderen Autoren sehr gut abgehandelt wurden. Besonders nützlich waren für mich folgende Titel: *The Quiltmaker's Handbook* und *The Second Quiltmaker's Handbook* von Michael James (Prentice Hall, 1978 und 1981) und *Quiltmaking in Patchwork & Appliqué* von Michele Walker (Ebury Press, 1985).

Die fertigen Arbeiten wurden, wenn nicht anders vermerkt, alle von Birte Hilberg entworfen und von Hand zusammengesetzt. Alle Arbeiten wurden von Hand gequiltet.

Blocks auf dem Heimcomputer entwerfen

Die Vier-, Fünf- und Neun-Flicken-Technik wird bereits seit mehreren Generationen für Patchworkarbeiten eingesetzt. Auf diese Weise können geometrische Muster leichter zusammengesetzt werden, da die Arbeit auf kleinere Blocks, die sich leichter handhaben lassen, reduziert wird. Mehrere Bücher über die Grundtechniken beim Patchwork beschreiben diesen Prozess in allen Einzelheiten und enthalten Beispiele von traditionellen Entwürfen, die auf diese Weise entstanden (siehe *The Quilter's Album of Blocks and Borders* von Jinny Beyer, EPM Publications Inc., 1980).

Die Untersuchungen, die schliesslich zu diesem Buch führten, begannen 1984 mit einer Frage, die eigentlich eher scherzhaft gemeint war. «Wie viele verschiedene Blocks aus sechzehn Teilen entstehen, wenn man nur mit einer Grundeinheit arbeitet, die sich aus einem weissen und einem schwarzen Dreieck zusammensetzt?» Unzählige Bücher enthalten Beispiele derartiger Entwürfe, aber die Zahl der verschiedenen Entwürfe ist begrenzt, und bei dieser Frage ging es eigentlich darum, dass es viel mehr Möglichkeiten geben müsse. Die Antwort auf diese Frage war alles andere als einfach, und ich überredete meinen Mann, ein Computerprogramm zu schreiben, um die Analyse zu beschleunigen.

Bei diesem ersten Projekt stellten sich zwei überraschende Dinge heraus: Selbst wenn sorgfältig darauf geachtet wurde, Blocks zu eliminieren, die einfach nur Spiegelbilder oder Verwandlungen anderer Blöcke waren, erhielt man dennoch Hunderte von Möglichkeiten. Überraschenderweise waren viele Entwürfe, die bisher noch nie in Büchern abgebildet worden waren, tatsächlich sehr attraktiv und gut für Patchworkarbeiten geeignet. Da ich eine grosse Anzahl von Blocks zusammen betrachtete, waren auf der Stelle sekundäre Muster erkennbar. Doch eine Tatsache liess dieses Projekt für mich zur Leidenschaft werden: Wenn schon die Dreiecke so viel unentdecktes Potential enthielten, würde es sich sicherlich lohnen, weitere Stunden mit anderen Grundeinheiten zu experimentieren.

Dieses Buch enthält einige Ergebnisse der siebenjährigen Entwicklung dieser Idee. Alle Arbeiten wurden an einem kleinen Computersystem durchgeführt. Das Programm läuft auf jedem IBM-kompatiblen Computer (jedes 80286er Gerät mit VGA-Karte reicht aus) und wird noch immer mindestens einmal pro Monat abgeändert, um neue Ideen aufzunehmen. Es wurde eine Bibliothek von etwa 500 Grundeinheiten erstellt, von denen einige Patchworkern wohlbekannt sind; die meisten jedoch wurden speziell für dieses Projekt «erfunden». Das Programm arbeitet mit einer beliebigen Anzahl unterschiedlicher Einheiten in einem Entwurf, aber selbst wenn nur sehr wenige Einheiten gleichzeitig verwendet werden, ist die Vielfalt der Entwürfe, die erzielt werden können, fast grenzenlos. Bis auf die Kaleidoskop-Entwürfe, die später beschrieben werden, enthalten die meisten Entwürfe in diesem Buch nur eine oder zwei verschiedene Einheiten.

Der Vorteil des Computers liegt nicht nur in seiner Geschwindigkeit, Geduld und Fähigkeit, grosse Datenmengen zu speichern, sondern er hat einen weiteren Vorteil, der während des Projekts eine wichtige Rolle gespielt hat: Er zeigt einen Entwurf in wenigen Sekunden in einer Vielfalt von Farbkombinationen an, wobei einfarbige Farbflächen oder verschiedene Linien und Punkte eingesetzt werden, um bedruckte Stoffe zu symbolisieren. Um das Potential eines Entwurfs fair beurteilen zu können, ist es äusserst wichtig, mehr als nur ein paar Farbkombinationen zu betrachten. Die drei Entwürfe auf der gegenüberliegenden Seite sollen dies illustrieren: Das Grundquadrat besteht aus vier T-Formen. Weder die Schwarzweiss-Version in Abbildung 1 noch die blau-grün-gelbe Version in Abbildung 2 wirken interessant, aber die rot-blaue Version in Abbildung 3 zeigt mit genau demselben Entwurf eine Vielfalt, die man sicherlich gut einsetzen könnte. Die Moral der Geschichte lautet also, dass man gute Ideen häufig einfach verwirft, weil die Farben nicht passen, doch durch den Einsatz des Computers wird dies **weniger** wahrscheinlich.

Bei der Auswahl von Entwürfen für dieses Buch war es notwendig, sich auf Muster zu konzentrieren, die sich gut in Schwarz, Weiss und Grautönen abbilden lassen. Etwa 55 Entwürfe sind in Farbe abgebildet, so wie sie auf dem Bildschirm erscheinen. Einige sind sogar in zwei verschiedenen Farbkombinationen dargestellt, so dass illustriert wird, wie die Wahl der Farbe verschiedene Aspekte des Entwurfs unterstreichen kann. Häufig wird ein Entwurf noch interessanter, wenn weitere Farben hinzugefügt werden. Wenn Sie die Farbentwürfe beurteilen, sollten Sie zudem daran denken, dass die Nahtlinien und das gezeigte Gitter die Wirkung des Bildes weiter beeinflussen können.

Abb. 1

Abb. 2

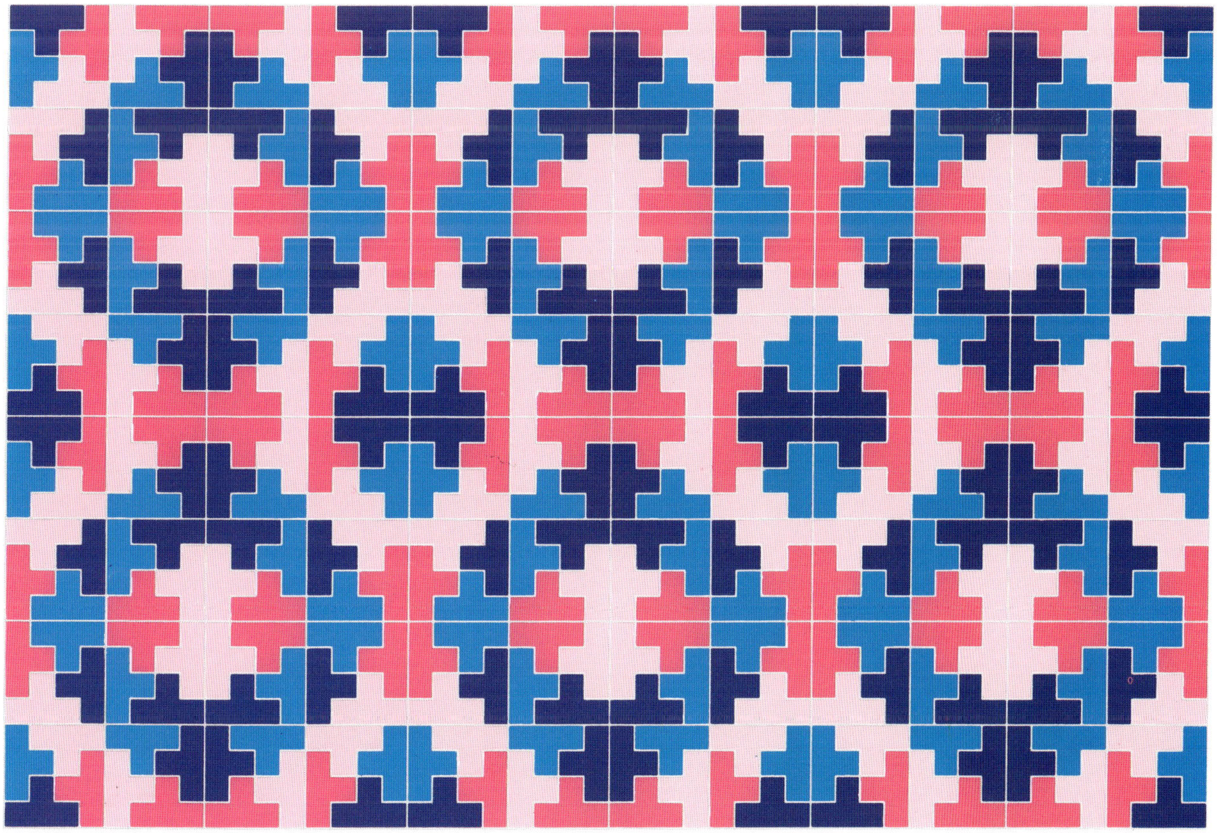

Abb. 3

Die Einheiten

Die 77 verschiedenen Einheiten, mit denen die Entwürfe in diesem Buch erstellt wurden, sind alle auf S. 189–191 abgebildet. Die Mehrzahl der Einheiten sind so einfach, dass es überhaupt keine Schwierigkeit bereitet, die Schablonen zu erstellen. Um die Sache jedoch noch weiter zu erleichtern, wurden die Einheiten in vier Gruppen unterteilt:

Die Einheiten mit den Nummern 100–199 sind am einfachsten. Sie werden alle in einem einfachen Quadrat gezeichnet, wie es Abb. 4 zeigt.

Abb. 4

Den Einheiten 200–299 ist gemein, dass man zum Zeichnen den Mittelpunkt der Quadratseiten finden muss. Sie lassen sich am einfachsten zeichnen, wenn man ein Gitter von 4 Quadraten verwendet.

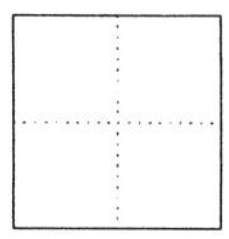

Abb. 5

Die Einheiten 300–399 basieren alle auf Quadraten, deren Seiten in drei Teile unterteilt sind. Beginnen Sie mit einem Gitter aus neun Quadraten (Abb. 6).

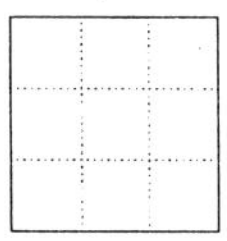

Abb. 6

Die Einheiten 400–499 schliesslich basieren auf Quadraten, deren Seiten in vier Teile unterteilt sind. Man beginnt also mit einem Gitter aus sechzehn Quadraten, wie es Abb. 7 zeigt.

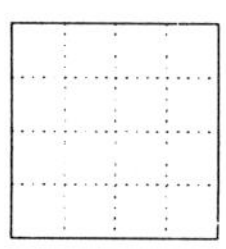

Abb. 7

Wenn Sie die Einheiten 270, 275, 276 oder 277 zeichnen, müssen Sie möglicherweise einen Taschenrechner zu Hilfe nehmen. Der Mittelpunkt für den erforderlichen Abschnitt des Kreises befindet sich ausserhalb des Quadrates. Die Abbildung zeigt, dass er sich auf der Erweiterung einer der Seiten befindet, und die Entfernung zur nächstliegenden Ecke des Quadrates beträgt Dreiviertel der Seitenlänge.

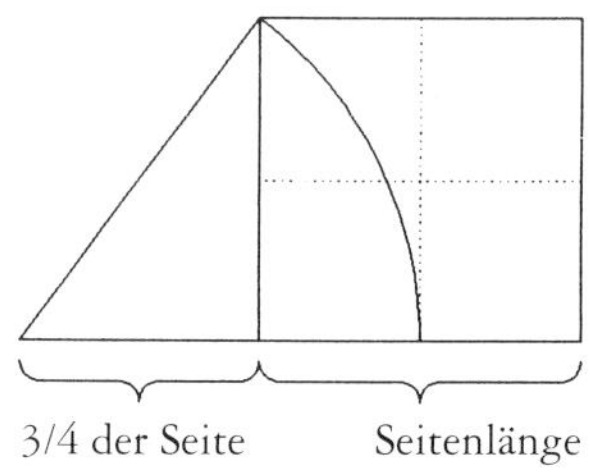

Es gibt ein paar Einheiten, bei denen es nicht offensichtlich ist, wo eine Linie beginnt oder endet. Typische Beispiele sind die Einheiten 291, 389 und 454. Der Trick bei diesen Einheiten besteht darin, die Linie bis zum Rand des Quadrats zu verlängern. Diese Verlängerung durchkreuzt die Kante immer an einer «offensichtlichen» Stelle: bei Einheit 389 trifft sie genau auf den Mittelpunkt der Seite.

Alle Kapitel in diesem Buch konzentrieren sich auf eine kleine Gruppe von Einheiten, die unten auf der ersten Seite jedes Kapitels abgebildet sind. Welche Einheiten für einen Entwurf erforderlich sind, steht in der Spalte neben dem Entwurf.

Ich möchte noch anmerken, dass es beim Zusammensetzen der Einheiten sehr hilfreich ist, innerhalb einiger Einheiten weitere Linien hinzuzufügen. Vorschläge für zusätzliche Linien werden im Verzeichnis der Einheiten durch gepunktete Linien angedeutet. Grundsätzlich wird das Nähen sehr vereinfacht, je offener ein Winkel ist, aber die Frage, wann und wo eine Einheit weiter unterteilt werden sollte, hängt von den individuellen Fähigkeiten und der Methode beim Zusammensetzen ab.

Von der Einheit zum Entwurf

Grundsätzlich könnte man Entwürfe aus dem Verzeichnis der Grundeinheiten aufbauen, indem man sich ein paar Einheiten heraussucht und diese dann zusammensetzt und verändert, bis ein attraktives Muster entsteht. Eine Reihe von Entwürfen ist tatsächlich auf diese Weise entstanden, aber eine systematischere Methode ist natürlich viel effektiver. Die produktivste Methode zur Untersuchung einer Einheit (oder eines kleinen Satzes von Einheiten) war die Einbeziehung eines festen Satzes von etwa einem Dutzend verschiedenen Möglichkeiten zum Zusammensetzen der Einheiten in den Computer. Bei all diesen Techniken geht es darum, ein paar Einheiten zufällig zu einem Rechteck zu verbinden und dieses Rechteck zum Aufbau des Entwurfes zu verwenden. Ich nehme mir jede Technik einzeln vor und lasse mir eine grosse Anzahl von Entwürfen auf dem Bildschirm abbilden. Die Erfahrung lehrt, dass sich unmöglich entscheiden lässt, welche der verschiedenen Methoden die beste ist: jede Mischung der Einheiten hat ganz bestimmte Eigenschaften, auf die man nur durch Experimente stösst. Doch selbst dann stellt sich heraus, dass die Mehrzahl der Entwürfe wertlos ist. Ein paar sind ausgezeichnet und lassen sich sofort einsetzen, aber häufiger kommt es vor, dass sie interessante Merkmale enthalten. Die meisten Entwürfe in diesem Buch wurden durch derartige Merkmale, die anschliessend weiterentwickelt wurden, angeregt.

Um einige dieser Prinzipien zu verdeutlichen, wollen wir die Einheit, die für Flower Power (der Entwurf auf Seite 2) verwendet wurde, etwas näher betrachten. Die Einheit ist unten abgebildet (Abb. 8). Sie besteht aus drei Streifen gleicher Breite und den beiden kleinen Dreiecken.

Um einen Block aus vier Einheiten zu erzeugen, verband der Computer diese zu einem Viereck aus vier Quadraten (Abb. 9) – zu einem **Grundset**.

Abb. 10 zeigt dasselbe Grundset von Einheiten, von denen einige jedoch schattiert wurden. Beachten Sie, dass die obere linke und die untere rechte Einheit nur mit zwei Schattierungen versehen wurden, während die übrigen beiden Einheiten andere Töne, nämlich vier Schattierungen, enthalten.

Die gebräuchlichsten Methoden, um einen grösseren Block aus diesem Grundset von Einheiten zusammenzusetzen, sind die Wiederholung, Spiegelung oder Drehung. Fast Dreiviertel der Entwürfe in diesem Buch entstanden auf diese Weise. Abb. 11 zeigt einen Entwurf, der durch die Wiederholung von Abb. 10 entstand. Um ein Spiegelmuster zu erhalten, stelle man sich beispielsweise zwei Spiegel vor, die senkrecht an die Kanten von Abb. 10 gestellt werden und an der unteren rechten Ecke zusammenstossen. In den Spiegeln sieht man dann den gespiegelten Block in Abb. 12. Eine weitere Möglichkeit, die Drehung von Grundeinheiten, wird durch die Abb. 13 veranschaulicht. Stellen Sie sich vor, dass Abb. 10 zuerst um 90 Grad, dann um 180 und schliesslich um 270 Grad um ihre obere rechte Ecke gedreht wird. Wenn man die vier Zeichnungen zusammenstellt, entsteht das gedrehte Muster in Abb. 13.

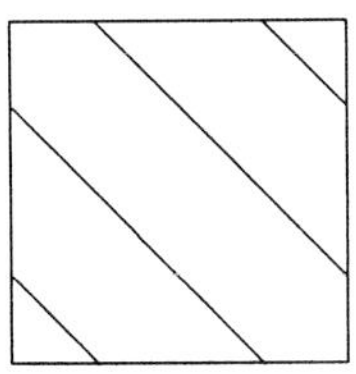

Abb. 8

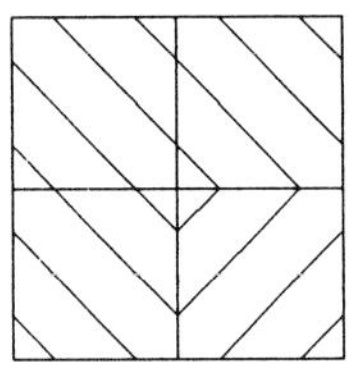

Abb. 9

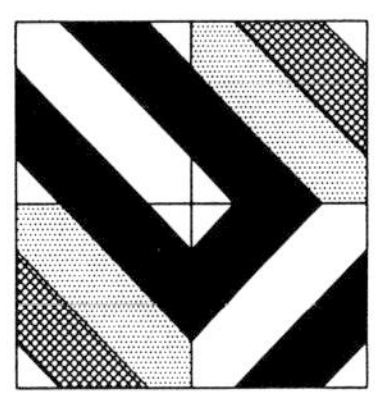

Abb. 10

Möglich ist auch, acht verschiedene Richtungen für die Grundeinheit oder die Grundeinheiten zu wählen, die Einheiten in einem Rechteck von zwei mal vier Quadraten (Abb. 14) zusammenzustellen und dieses Rechteck einmal zu spiegeln (Abb. 15). Der Computer erzeugt bisweilen überraschende Blocks, indem alle 16 Einheiten des Blocks zufällig plaziert werden (Abb. 16).

Wenn vier identische Blocks zusammengesetzt werden, entsteht ein **sekundäres Muster**, wo die Blocks aufeinander treffen. Dies wird auf der gegenüberliegenden Seite illustriert, wo die Blocks in den Abb. 12, 13, 15 und 16 verwendet wurden. So kann etwas ganz Neues entstehen, wie das grosse X in Abb. 17. Es kann, wie in Abb. 18 und 19, eine Wiederholung des Grundblocks sein (was immer sehr hübsch ist). Bisweilen ist das sekundäre Muster sogar interessanter als der Block selbst, und man könnte es als Grundblock verwenden. Abb. 21 und Abb. 17 sind gleich, wurden jedoch verschoben, um das sekundäre Muster besser zu nutzen.

Es gibt nicht nur mehrere Möglichkeiten, einen Block aus einem Grundset von Einheiten zu bilden, sondern auch mehrere Möglichkeiten, Blocks zusammenzustellen. In Abb. 22 zum Beispiel wurden vier identische, gespiegelte Blocks zusammengesetzt, indem sie gedreht wurden.

Abb. 11

Abb. 12

Abb. 13

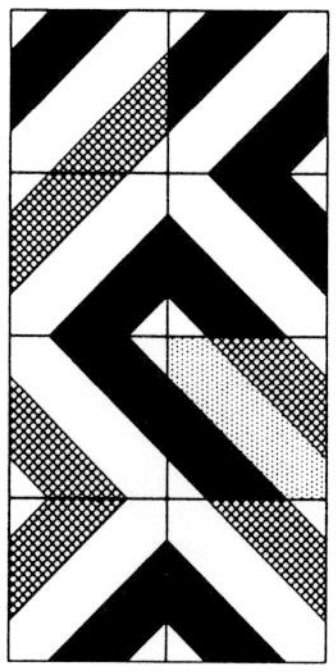

Abb. 14

Abb. 15

Abb. 16

Abb. 17

Abb. 18

Abb. 19

Abb. 20

Abb. 21

Abb. 22

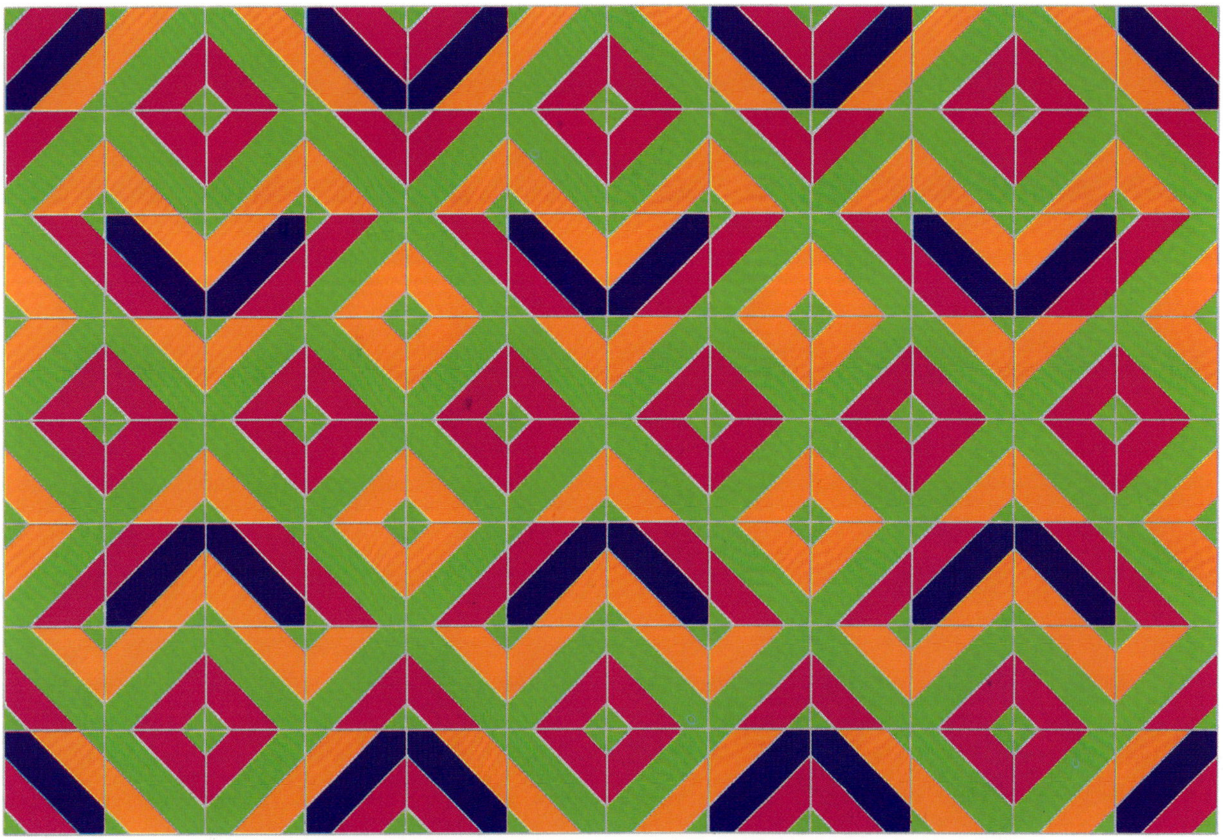

Abb. 23

Abb. 24

Wir können den Flower Power-Entwurf in Abb. 15 verwenden, um weitere Möglichkeiten zu illustrieren, wie man einen Entwurf aus einem Block erzeugen kann. Eine besteht darin, die untere Hälfte des Entwurfs zu einem Spiegelbild der oberen Hälfte zu machen, wie es Abb. 23 zeigt.

Eine andere ist etwas komplizierter: Zeichnen Sie zwei Diagonallinien über ein Viereck aus acht mal acht Quadraten, wie Abb. 24 es zeigt (sie entspricht Abb. 19). Wählen Sie eins der vier Dreiecke und verwenden Sie vier Kopien dieses Dreiecks, um ein Quadrat zusammenzusetzen. Abb. 25 zeigt, was passiert, wenn Sie das obere Dreieck wählen. Wären die Diagonallinien in Abb. 24 über den

Abb. 25

Abb. 26

mittleren Block aus acht mal acht Quadraten gezeichnet worden statt über den linken Block, wäre das in Abb. 26 abgebildete Quadrat entstanden.

Das Ergebnis dieser Methode, die ich bereits als Kaleidoskop-Methode erwähnt habe, ist nicht voraussagbar, besonders dann nicht, wenn gedrehte Blöcke verwendet werden, aber das Ergebnis kann recht faszinierend sein und eignet sich gut für alle «quadratischen» Projekte wie Spieldecken für Kleinkinder, den Mittelpunkt eines Medaillon-

Abb. 27

Quilts oder in einer Vergrösserung sogar als Bettüberwurf für ein Doppelbett. Man könnte es auch als einen grossen Block behandeln und diesen, wie in Abb. 27 gezeigt, wiederholen.

Schliesslich zeigt Abb. 29, was passiert, wenn ein Grundset von Einheiten, wie jenes in Abb. 28, zuerst einmal nach rechts gespiegelt und dann mehrmals wiederholt wird. Abb. 30 zeigt die Wirkung einer Spiegelung, bei der die beiden Einheiten in Abb. 29 zuerst nach unten gespiegelt wurden, bevor dieser Schritt mehrmals wiederholt wurde. Schliesslich zeigt Abb. 31 ein Beispiel, wie 96 Blöcke ganz zufällig zusammengesetzt werden können.

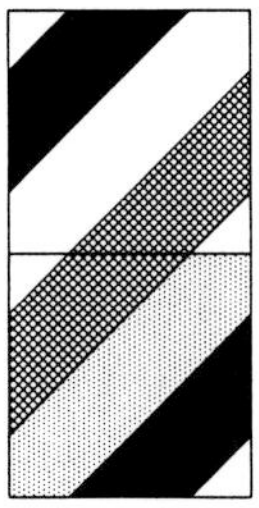
Abb. 28

Abb. 29

Abb. 30

Abb. 31

1
Scheinwerfer an: Dreiecke

Dieses Kapitel befasst sich ausschliesslich mit einfachen Variationen von Dreiecken. Wie bereits erwähnt, brachte die einfache Frage nach der Anzahl möglicher Muster, die nur aus schwarzen und weissen Dreiecken bestehen, den Stein ins Rollen, aber nur ein Beispiel dieser Entwürfe ist in diesem Buch enthalten – die Fliegende Gänse Variationen auf Seite 18. Sie dienten als Inspiration für die bunten Wandbehänge auf Seite 19.

Drei weitere Variationen des Dreieck-Motivs sind illustriert. Auf den Seiten 20 bis 23 wird demonstriert, was geschieht, wenn man eins der Dreiecke halbiert (Block 113), so dass eine dreifarbige Einheit entsteht. Die gespiegelten Blocks auf Seite 21 erzeugen grosse, windmühlenartige Entwürfe, wenn sie gedreht werden. Eine Einheit, bei dem eins der beiden kleinen Dreiecke erneut unterteilt wurde (Einheit 227) führte zu dem Wandbehang «Scheinwerfer an» (Seite 25). Die Muster sind auffällig und verlangen nach leuchtenden Farben.

Die zweite Variation ist auf den folgenden sechs Seiten abgebildet, wo ich ein kleines Dreieck auf eins oder beide grosse Dreiecke gesetzt habe (wie in Einheit 301). Diese Technik klingt recht einfach, aber die Wirkung ist viel komplizierter, und die Entwürfe wirken leichter und eleganter.

Schliesslich zeigen die Seiten 32 und 33 eine Variation der traditionellen Mansardenfenster-Einheit (Einheit 463). Diese Einheit besitzt recht grosses Potential, und sie taucht mehrmals in diesem Buch auf.

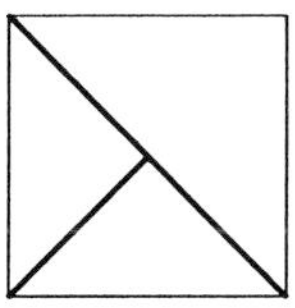

Einheit 113

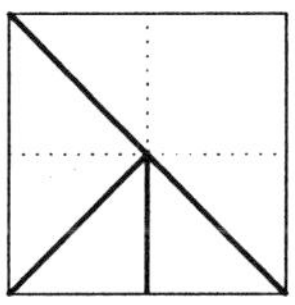

Einheit 227

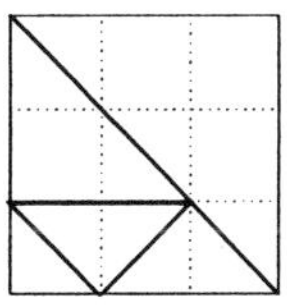

Einheit 301

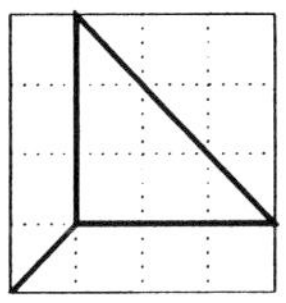

Einheit 463

220

102

Fliegende Gänse-Variation

Ein Set von sechzehn einzelnen Wandbehängen ist über eine Wand in unserem Flur verteilt. Zusammen bilden sie eine Farblasur, die von Schwarz und Rot am unteren Treppenabsatz bis zu Weiss und Gelb am oberen reicht. Der Entwurf wurde in halber Grösse wiederholt, um die Gesamtwirkung zu unterstreichen.

Die einzelnen Wandbehänge sind zwischen 24 und 47 cm breit. 1988 fertiggestellt.

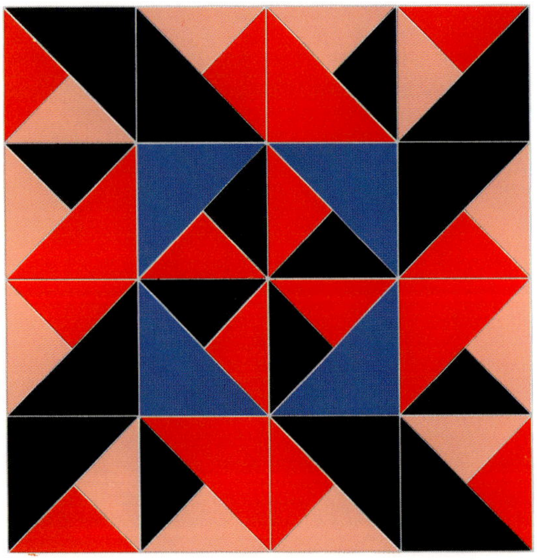

113

113

113

113

113

113

113

113

Blumengarten

Dieser Quilt wurde von meinem elfjährigen Sohn in Auftrag gegeben.
Er hat das Muster ausgewählt und sich gewünscht, dass die Primärfarben verwendet werden sollten.
Das Quiltmuster von Mrs. Audrey Griffin besteht aus Lilien, Gerste und Mohnblumen,
was den blauen, gelben und roten Farben entspricht. Grösse 176 x 144 cm. 1989

113

Dieses Muster beruht auf einem gespiegelten grossen Block aus vier mal vier Quadraten, der sechsmal drehend wiederholt wurde (wie Abb. 22). Um die grossen, überlappenden Quadrate besser hervorzuheben, wurde das Muster um eine Einheit in alle vier Richtungen erweitert.

227

227

227

Scheinwerfer an

Beachten Sie, dass dieser Wandbehang, für den das mittlere Muster auf Seite 24 verwendet wurde, genauso gut «waagrecht» aufgehängt, also um 90 Grad gedreht werden könnte. Dann würde man Pfeile sehen, die den Weg hinaus weisen! Grösse 106 x 106 cm. 1990

220

220

220

220

220

220

301

301

303

303

303

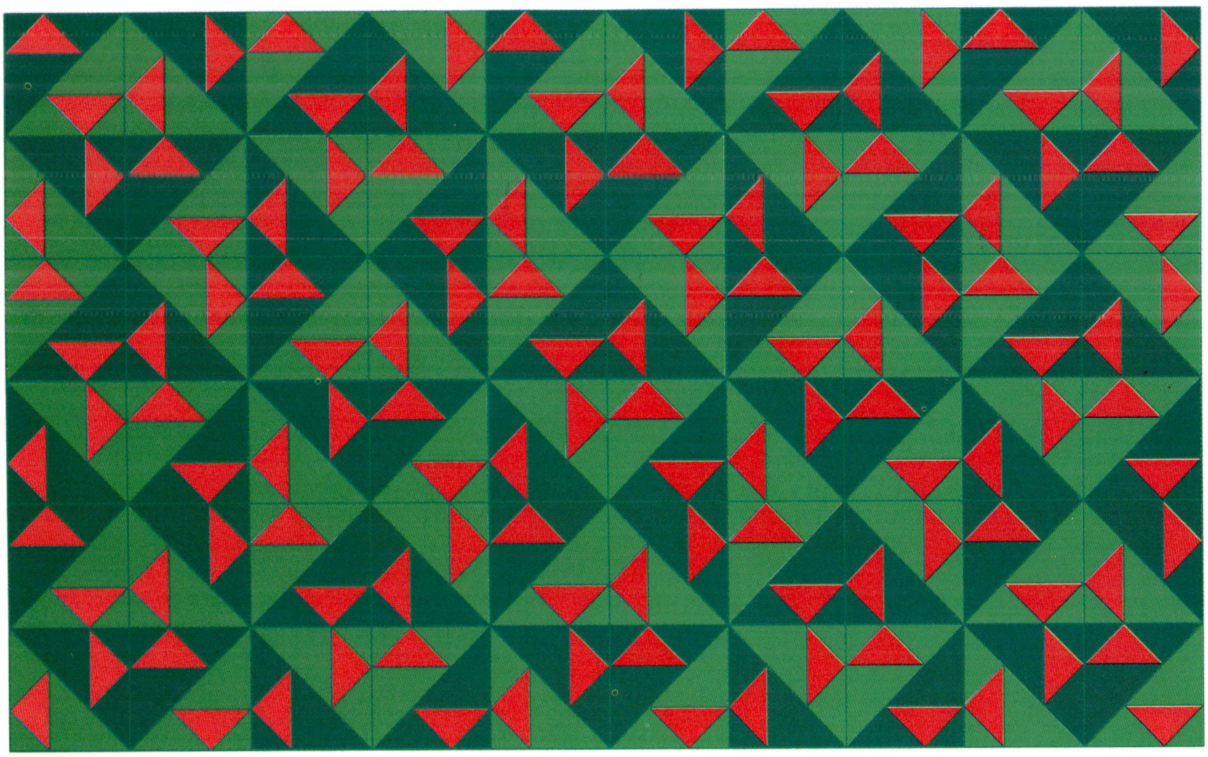

303

301

301

301

301

301

301

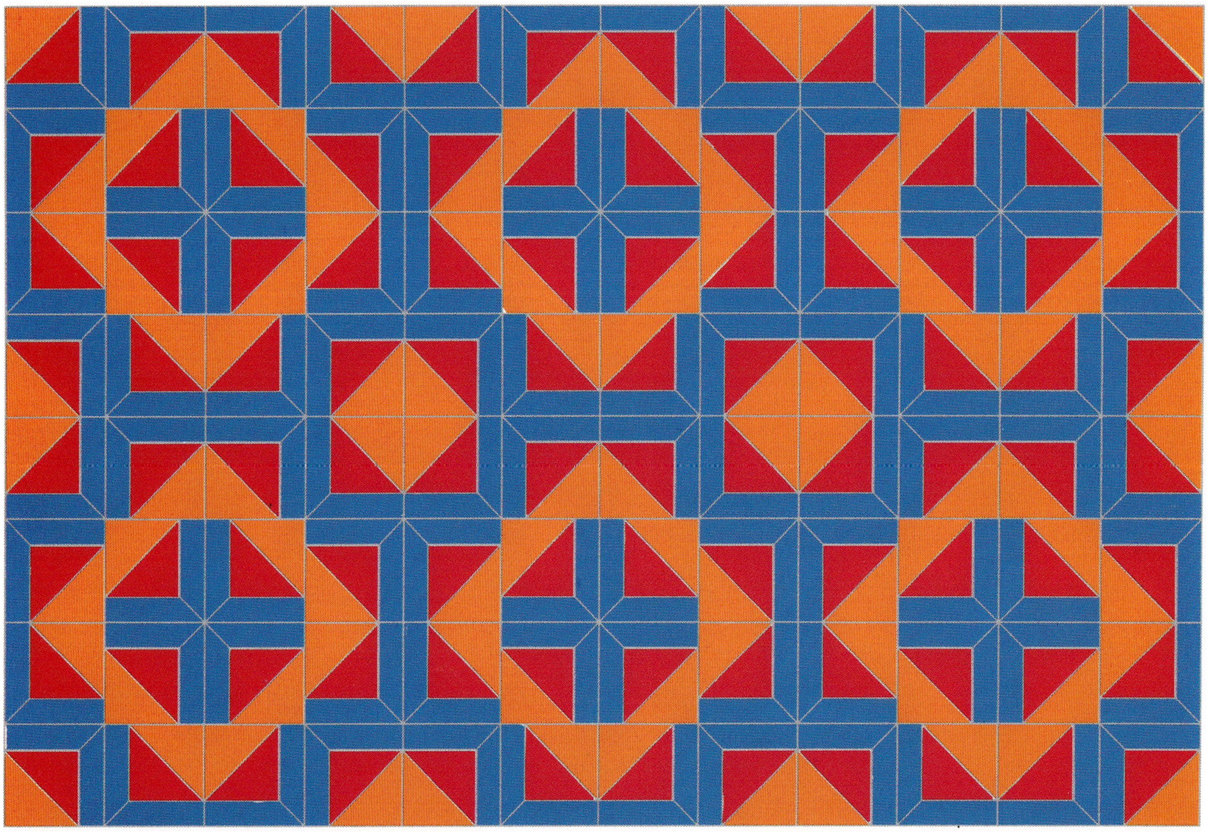

463

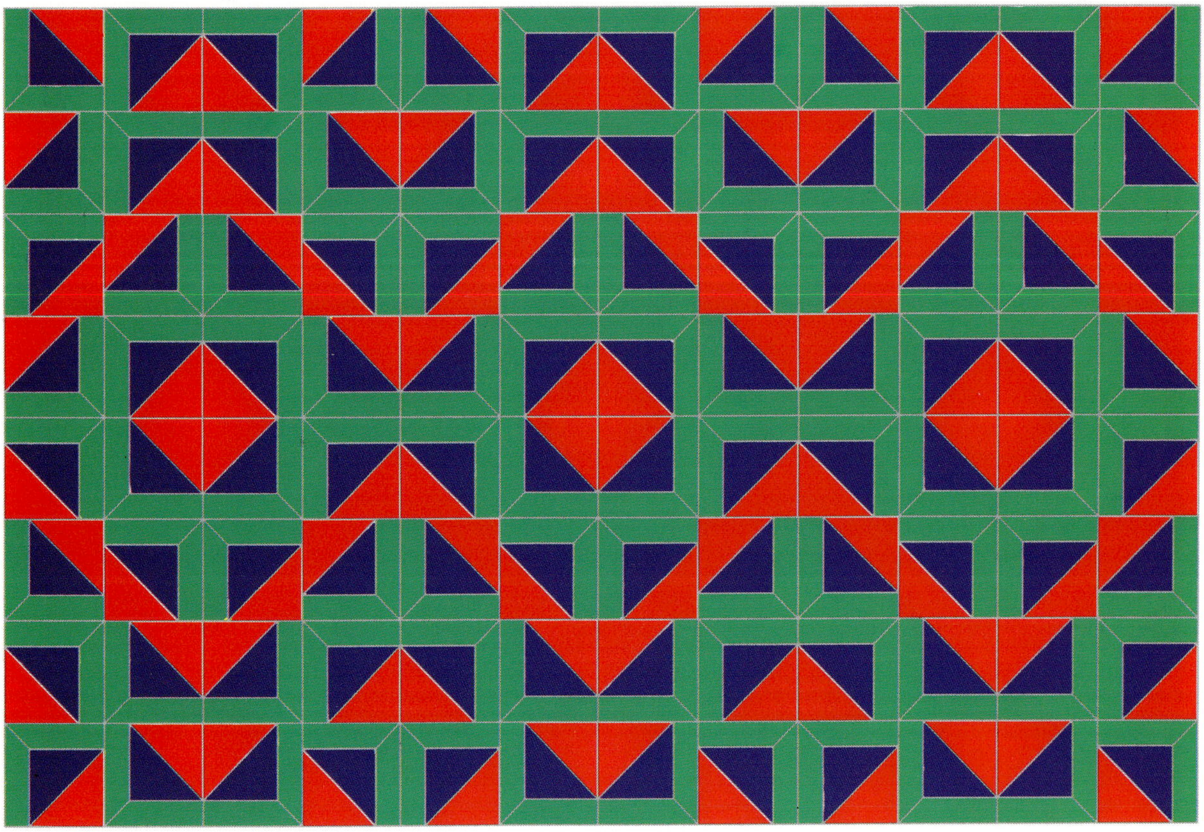

463

463

463

Peace by Piece

Alle Farben der EU-Flaggen sind dargestellt. Schola Europaea, Luxemburg. Grösse 170 x 150 cm. 1990
Foto von Raymond Faber, Luxemburg

2
Zeit zum Spielen: Verflochtene Schleifen

Dieses Kapitel befasst sich mit zwei Einheiten des Typs «geflochtene Schleife». Nummer 341 allein sieht aus wie zwei miteinander verschlungene Schleifen, und Nummer 362 unterstreicht diese Wirkung noch. Es entsteht ein Effekt ähnlich wie bei Einheit 341, wo vier zusammen einen Rahmen bilden (siehe Seite 45). Die freien Bereiche eignen sich gut für grosse Bilder, sei es ein Blumenstrauss, der aus einem bedruckten Stoff ausgeschnitten wurde, ein Teddybär, der aus Stoffen ausgeschnitten wurde, die besonders für Babyquilts geeignet sind, für die erste Zeichnung eines Kindes auf Stoff oder vielleicht eine elegante Seidenmalerei.

Interessanterweise sollte Nummer 341 im allgemeinen nicht allein für sich verwendet werden – das Ergebnis ist meist viel zu unruhig. Doch dieses Kapitel zeigt, dass sich eine Vielzahl von faszinierenden Entwürfen herstellen lassen, wenn diese Einheit mit einfachen Streifen gemischt wird.

Viele der folgenden Entwürfe basieren auf dem Kaleidoskop-Entwurf, der auf den Seiten 14 und 15 beschrieben wurde. Diese Entwürfe könnte man beispielsweise als komplizierten Mittelpunkt von Medaillonquilts oder für Babyquilts einsetzen. Für die Herstellung des Babyquilts «Zeit zum Spielen» (Seite 42) musste eine grosse Menge des Häschenstoffes gekauft werden – 4 Meter, um genau zu sein -, aber für die Entwürfe auf Seite 37 braucht man nicht ganz so viel. Wenn die Entwürfe für Bettüberwürfe vergrössert werden, entstehen andererseits grosse, offene Bereiche, die nur darauf warten, mit Quiltsteppereien verziert zu werden!

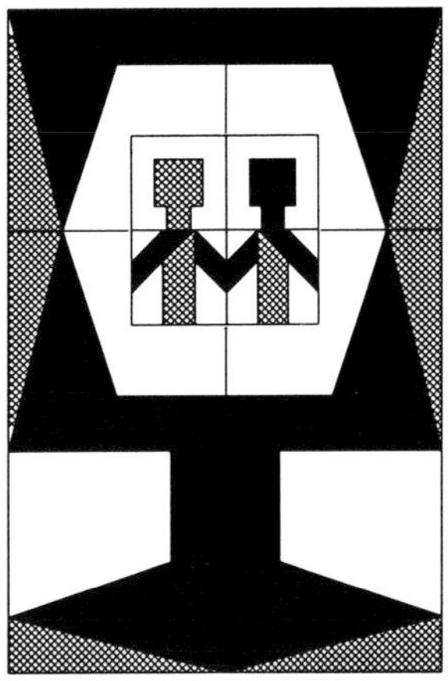

Gegen Ende des Kapitels steht Einheit 364 im Mittelpunkt. Man könnte sie als Blatt betrachten, das an Weissdorn oder eine Stechpalme erinnert. (Einheit 364 entstand übrigens durch eine Spiegelung von Einheit 341 entlang der Diagonalen, was gar nicht so offensichtlich ist!)

Die Entwürfe für Ränder auf der letzten Seite zeigen die erste kurvige Einheit, die im nächsten Kapitel näher untersucht wird. Weitere Randmuster finden Sie in späteren Kapiteln, aber sehr viele lassen sich erzeugen, indem man sich einfach auf ein oder zwei Reihen konzentriert, die quer oder senkrecht über einen Entwurf verlaufen. Wenn Sie einen solchen Rand um die Ecke führen müssen, werden die Ecken als Briefecke gearbeitet, so wie es auch bei den Kaleidoskop-Entwürfen geschieht.

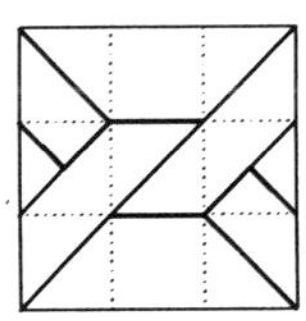

Einheit 341

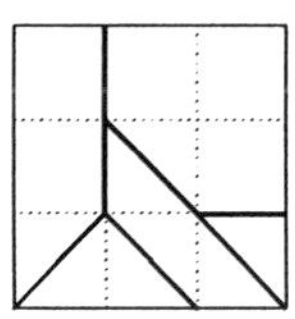

Einheit 362

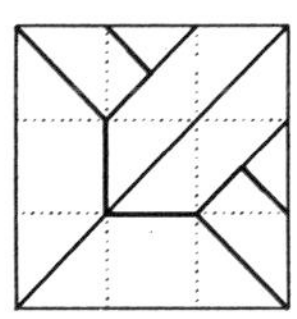

Einheit 364

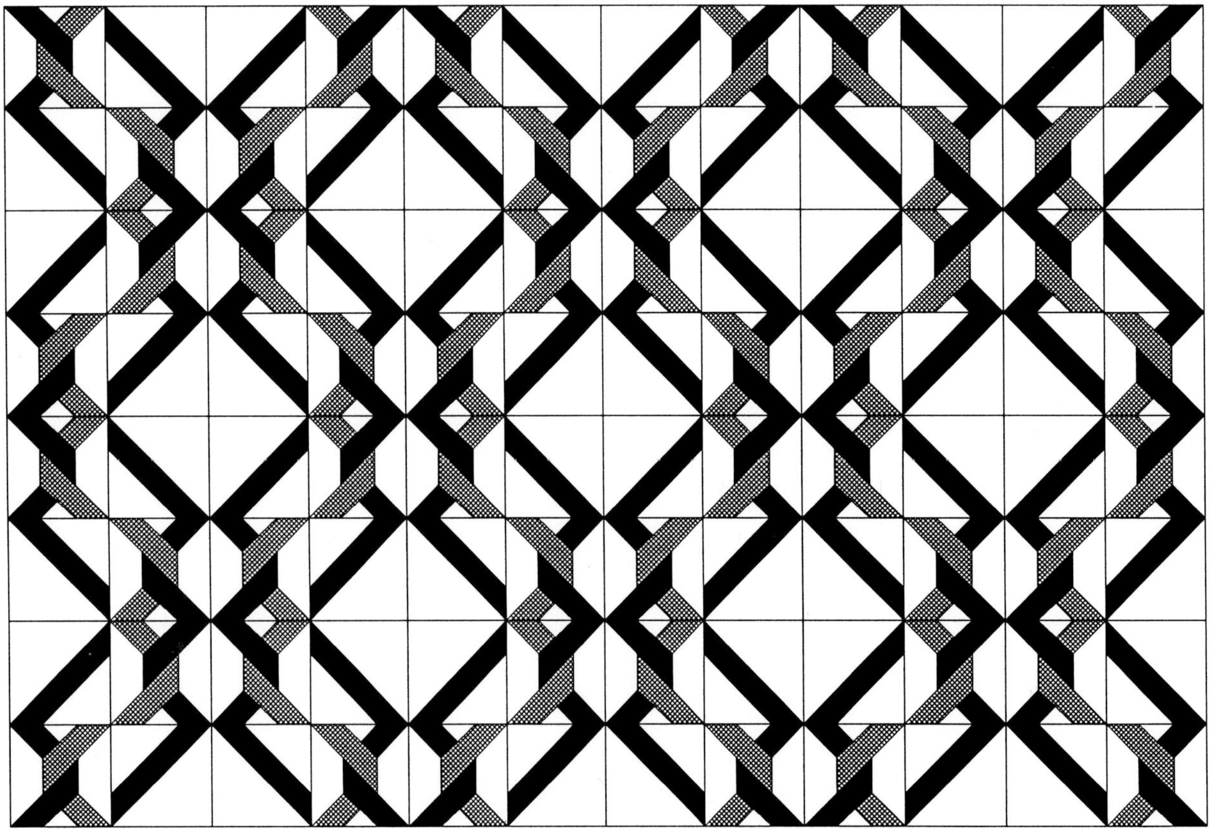

320
341

321
341

101
320
341

101
320
341
364

321
341

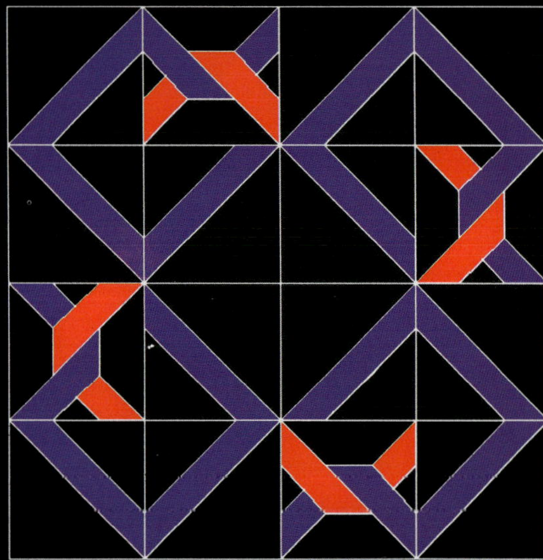

320
341

321
322
341
365

320
341
364

320
321
341

101
321
322
341
364

Verflochtene Schleifen

101
320
341
364

Entwurf für den Babyquilt *Zeit zum Spielen*

Verflochtene Schleifen

358
362
363

Entwurf für den Babyquilt *Tagträume*
Tagträume wurde nur nach einem Viertel dieses Entwurfs gearbeitet.

Zeit zum Spielen

Grösse 125 x 125 cm. 1990

Entwurf auf Seite 40. Ähnliche Entwürfe finden Sie auf Seite 37.

Tagträume

Babyquilt. Grösse 118 x 118 cm. 1990
Entwurf auf Seite 41

320
341
364

320
341
364

320
362
364

320
341
364

341
364

321
341
364

362
364

362
364

320
362
364

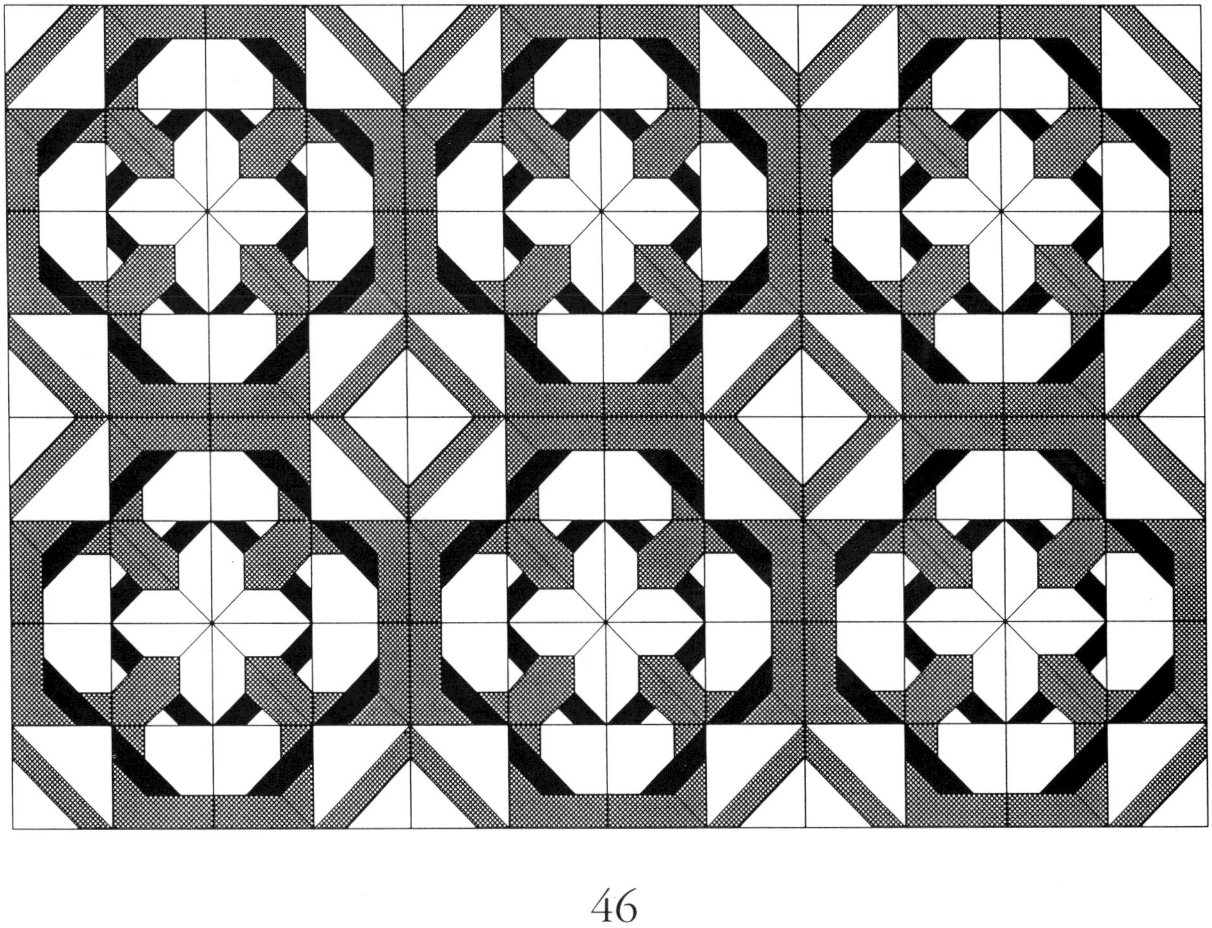

320
362
364

362
364

362
364

Verflochtene Schleifen

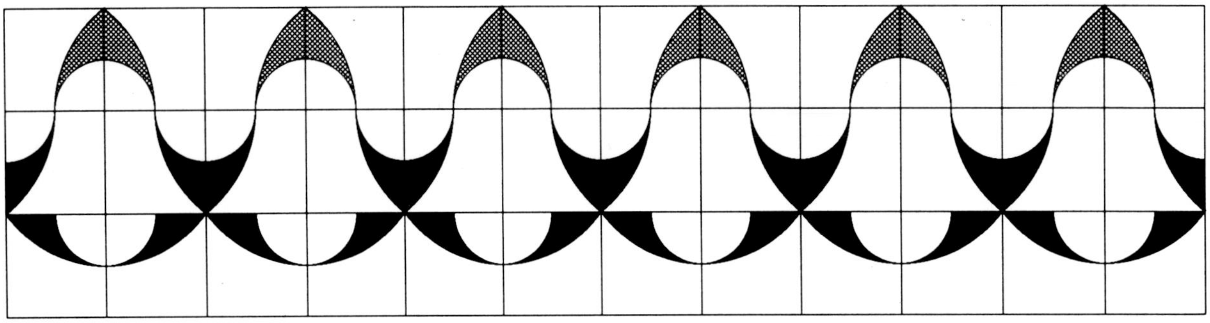

270

270
341

270
341

270
341

3
Rosarote Romanze: Kurven und Schleifen

Dieses Kapitel wird sicherlich die Träume aller erfüllen, die etwas wirklich Schönes, Romantisches und Elegantes schaffen wollen.

Zuerst wollen wir Einheit Nummer 335 betrachten. Man könnte sie als eine zweifarbige Schleife sehen, die einmal verschlungen wurde. Die Einheit gehört derselben Familie an, die im vorhergehenden Kapitel untersucht wurde. Sie wird jedoch ganz anders eingesetzt, so dass der Eindruck von Girlanden attraktiver Blumen und Blätter entsteht, die leichter und zarter sind als die bereits gezeigten Entwürfe mit verschlungenen Schleifen. Ein weiterer Unterschied besteht darin, dass man bei der Wahl der Farbe und des Quiltmusters sehr vorsichtig sein sollte, weil die Form des «Hintergrunds» unattraktiv ist. Meine Lösung besteht darin, dass ich Farben wähle, die die «Girlanden» und nicht den Hintergrund betonen, sowie ein sich überkreuzendes Quiltmuster, damit der Abstand zwischen den Quiltlinien der Breite der «Schleife» entspricht. Diese Wirkung ist bei den fertigen Stücken auf Seite 51 sichtbar: die weissen Bereiche weichen zurück, und die gewünschte Wirkung stellt sich ein. Hier werden wir mit diesem Phänomen zum ersten Mal konfrontiert, aber es kommt recht häufig vor, und Sie sollten auch an anderer Stelle daran denken.

Die zweite Einheit, die untersucht wird, trägt die Nummer 270 und ist verwandt mit der Nummer 335 unter den kurvigen Mustern. Diese Einheit wird auf Seite 48 für Randmuster vorgestellt und zählt zu meinen Lieblingseinheiten. Das Zusammennähen ist etwas verzwickt, aber sie hat sich als sehr vielseitig erwiesen, egal, ob sie allein oder zusammen mit anderen Einheiten eingesetzt wird. Ausserdem lassen sich mit dieser Einheit eine grössere Zahl von attraktiven Entwürfen arbeiten als mit jeder anderen. Dieses Kapitel zeigt nur eine kleine Auswahl der Entwürfe, die man erhält, und Sie sollten ruhig eigene Untersuchungen anstellen. Man sollte jedoch beachten, dass diese Einheit schwieriger zu zeichnen ist als die meisten anderen Einheiten in diesem Buch. Auf Seite 10 finden Sie einige Hinweise, die Ihnen weiterhelfen.

Auf Seite 55 sehen Sie, wie ein Detail aus einem grossen Quilt als Rand eingesetzt werden kann, so dass ein weicher Abschluss entsteht. Diese Idee erweist sich als besonders nützlich für die Entwürfe in diesem Kapitel. Die letzten drei Seiten des Kapitels zeigen meine Lieblingseinheit in Kombinationen mit Quadraten und Dreiecken. Der erzeugte Effekt führt zu kräftigen und aufregenden Entwürfen von überraschender Komplexität.

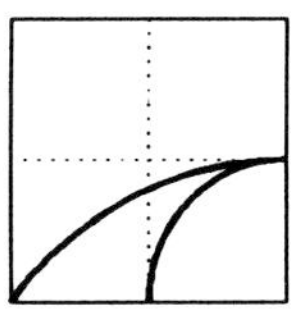

Einheit 270

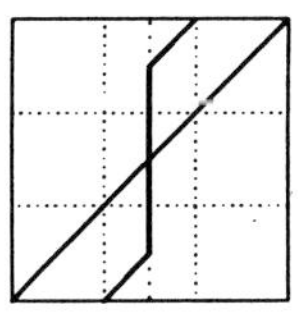

Einheit 385

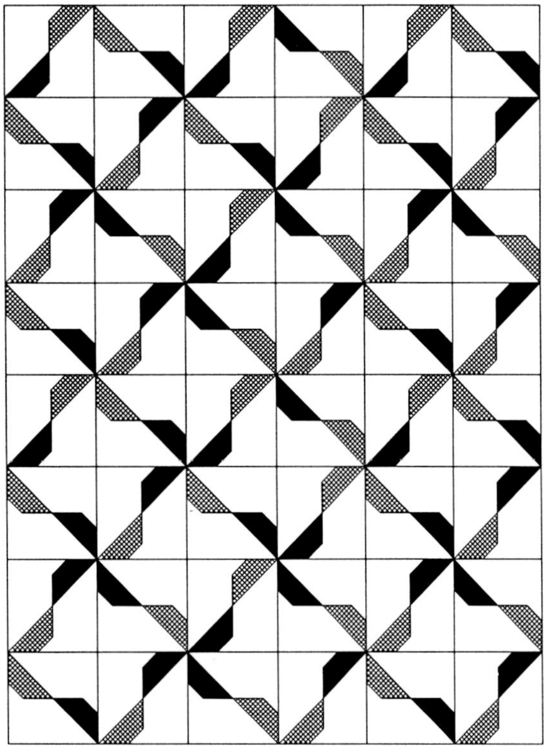

335

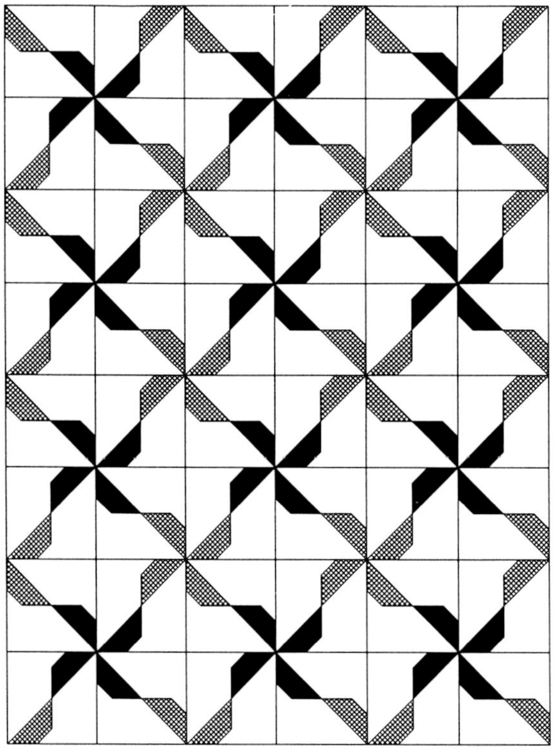

335

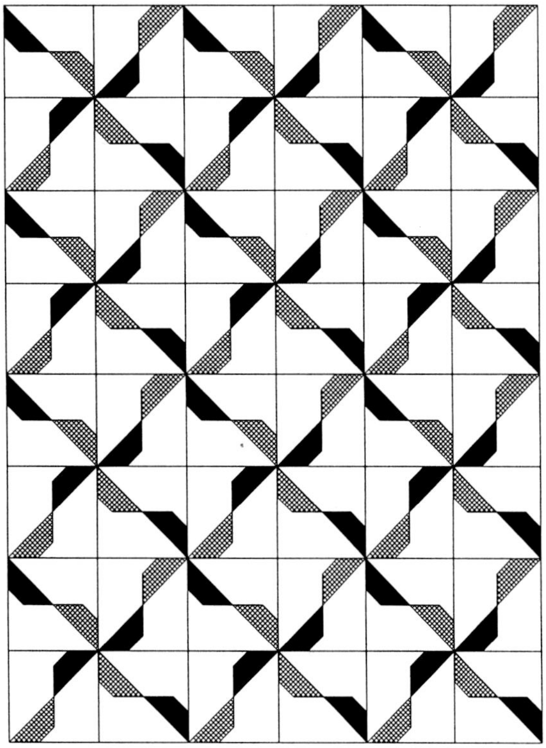

335

335

Rosarote Romanze

Quilt für ein Einzelbett. Grösse 200 x 156 cm. 1990
Entwurf auf Seite 50
Zwei Kissen. Grösse 50 x 50 cm
Entwürfe auf Seite 80

270

270

270

270
335

270
335

270

270

270
364

270
335

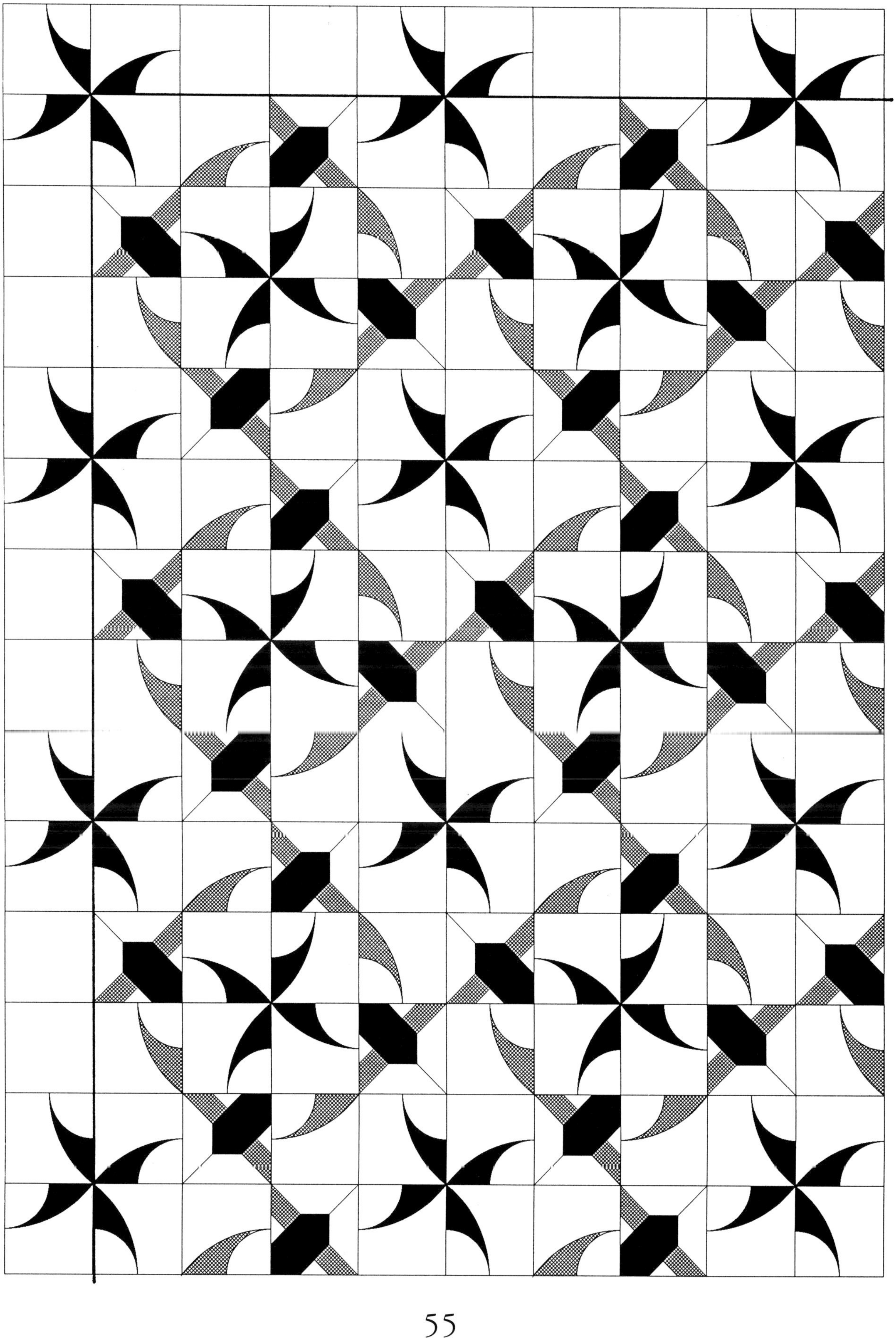

101
270
364

270
335

270
335

270
335

270
335

270

270

270

270

270

270

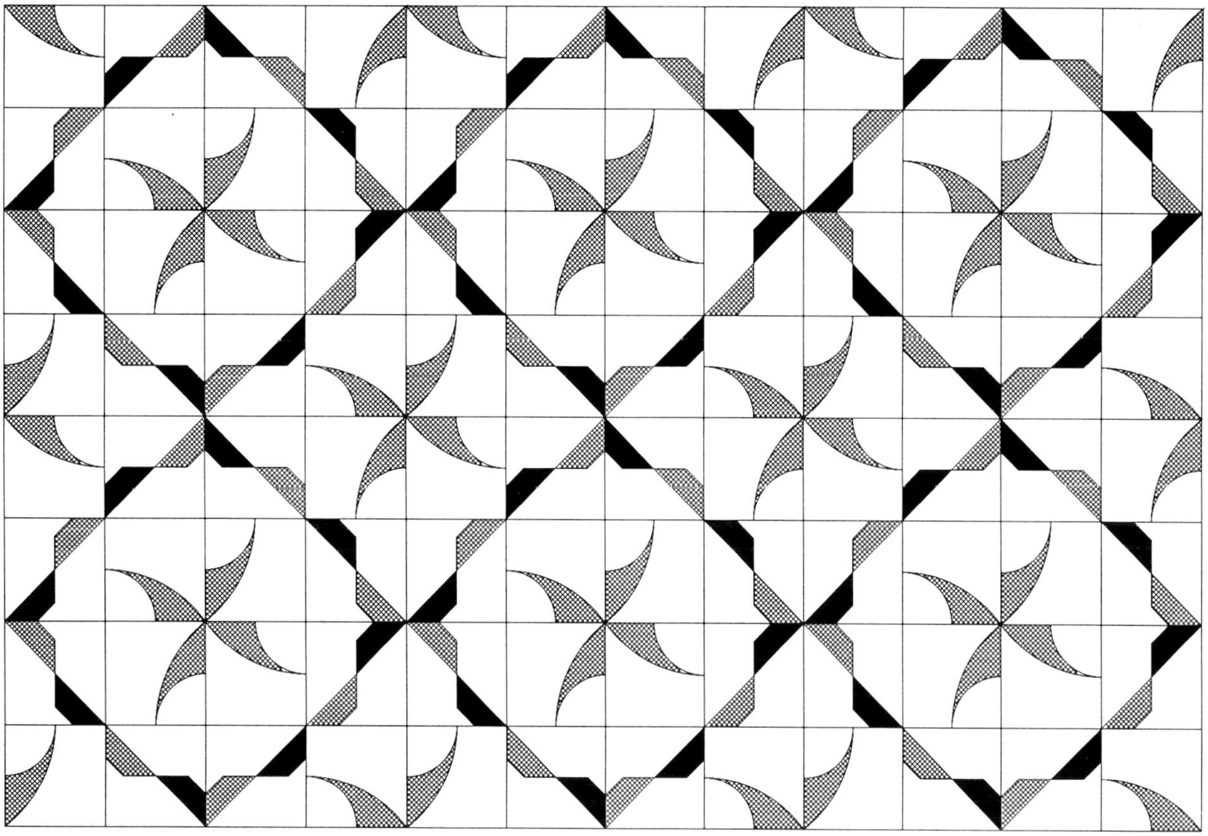

270
335

270
335

215
270

215
270

212
270

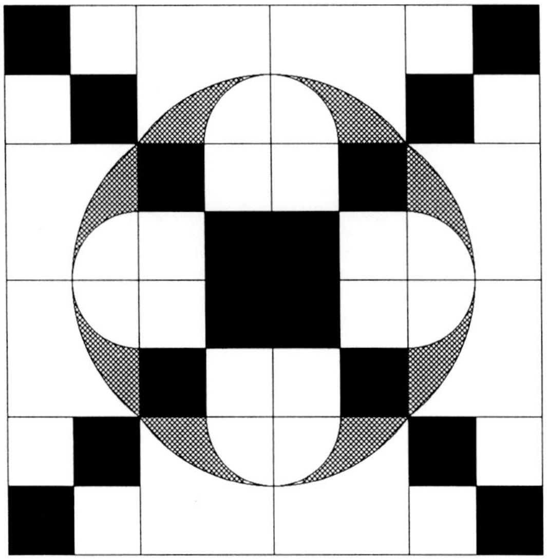

212
270

212
270

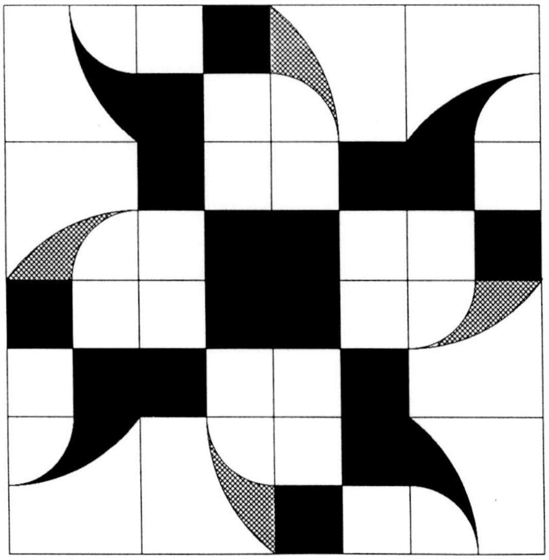

212
270

215
270

215
270

4
Gespaltene Persönlichkeiten: Kurven

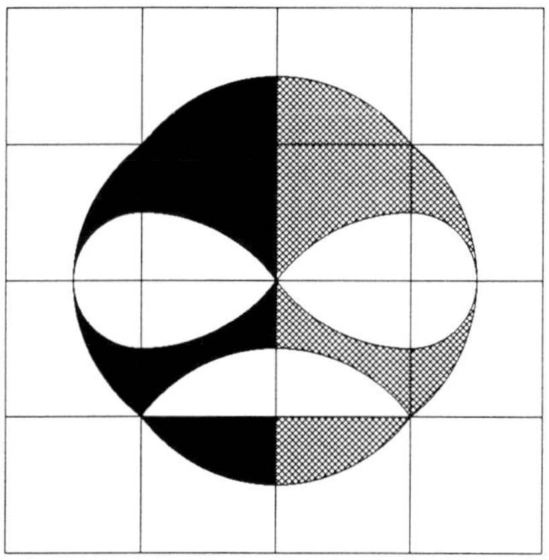

Bisher sind wir erst einem Block mit bogenförmigen Nähten begegnet. In diesem und in den folgenden Kapiteln werden sechs neue «kurvige» Blöcke vorgestellt.

Die Grundeinheit trägt die Nummer 275. Dabei handelt es sich um eine vereinfachte Version von Einheit Nummer 270, die besonders in Kapitel 3 eingesetzt wurde. Allein verwendet ist sie nicht sehr interessant (die drei Entwürfe in diesem Kapitel sowie die Randmuster auf Seite 78 erschöpfen meine Liste bereits), aber sie wird zum Leben erweckt, wenn man sie mit Dreiecken und Quadraten mischt. Während mit Einheit 270 elegante Entwürfe erzeugt werden, führt die vereinfachte Version zu kühneren und kräftigeren Entwürfen, die nach kontrastierenden Farben verlangen. Die Blocks auf den Seiten 70 und 71 sind typische Beispiele. Sie eignen sich besonders gut als Einzelblocks für Kissen, aber während die gespiegelten Blocks auf Seite 70 auch für grössere Arbeiten wiederholt werden können, verlieren die gedrehten Blocks auf Seite 71 ihren Reiz, wenn weitere identische Blocks zusammen erscheinen.

Als ich einige einfache Versionen von Einheit 275 untersuchte, erschienen eines Tages plötzlich kleine Gesichter auf dem Bildschirm des Computers. Dann entdeckte ich (ebenfalls rein zufällig), dass Einheit 265 für Haar, Schleifen und sogar Körper eingesetzt werden kann, so dass das Zusammensetzen von Figuren zu einer richtigen Leidenschaft wurde. Ich habe jedoch herausgefunden, dass ich mich zurückhalten muss. Wenn zu viele Figuren in einem Wandbehang erscheinen, wirkt er weniger interessant, und es entsteht ein verschwommener Eindruck.

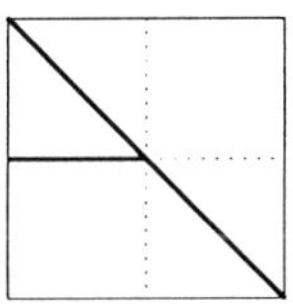

Einheit 226

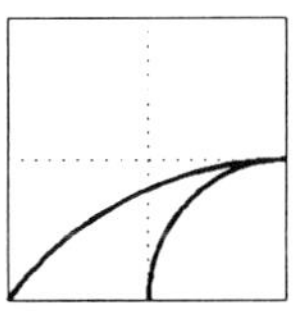

Einheit 270

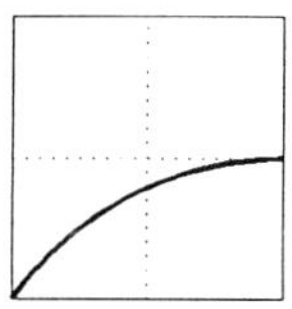

Einheit 275

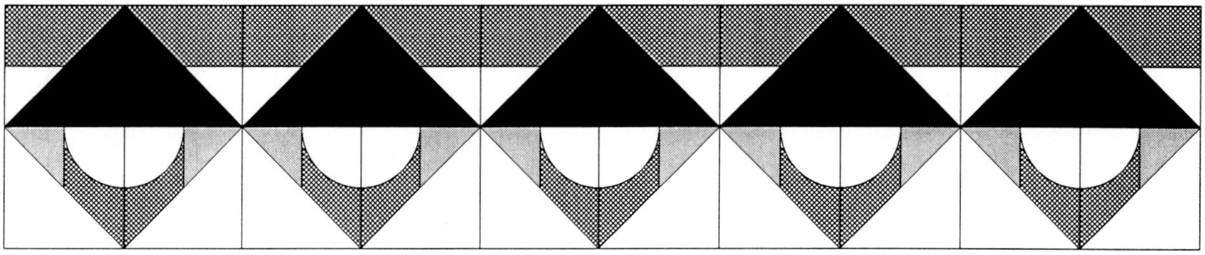

226
280

275
277

265
277

Entwürfe für *Normale Menschen* und *Gespaltene Persönlichkeiten*

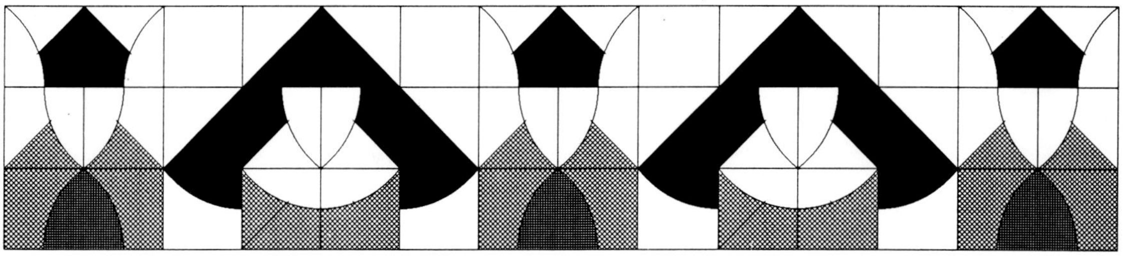

101
102
275
277

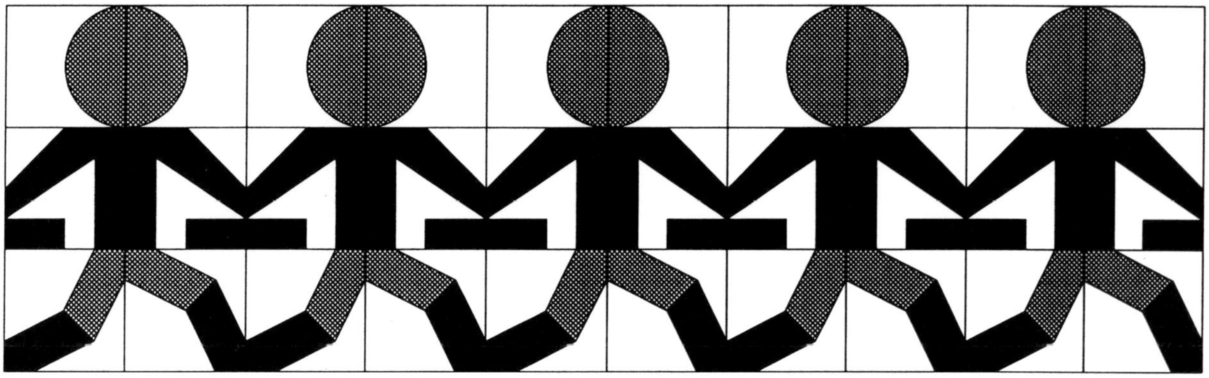

269
432
434

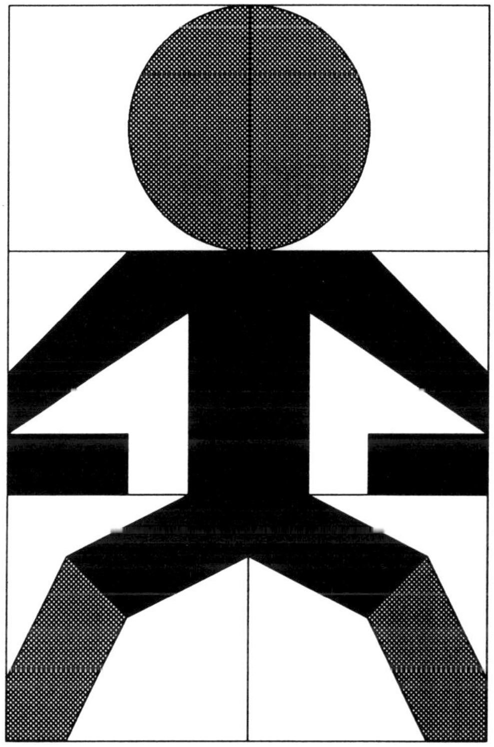

269
432
434

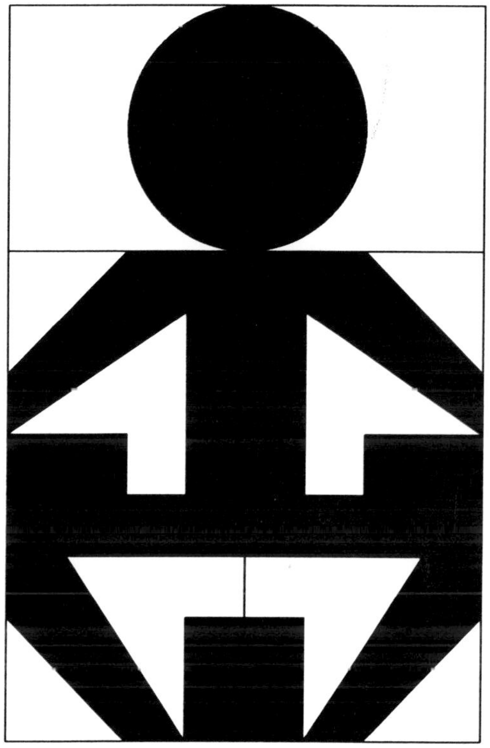

269
432

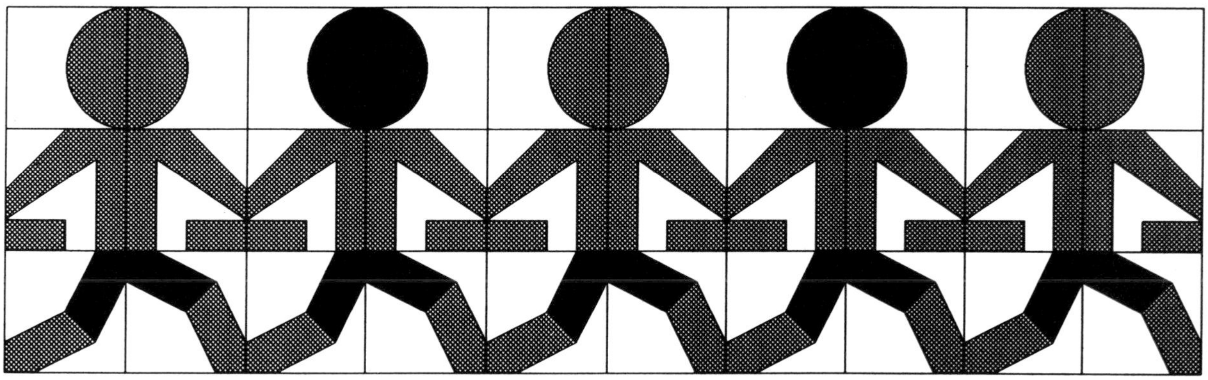

269
432
434

Normale Menschen

Auf diesem Wandbehang sind abgebildet: Freunde, Menschen des öffentlichen Lebens, Sportler, der Mann, der auf der Überfahrt mit der Fähre nach Dänemark sehr seekrank wurde usw. Grösse 120 x 101 cm. 1990

Gespaltene Persönlichkeiten

Wandbehang. Grösse 90 x 62 cm. 1990

275

275

226
275

226
275

226
275

226
275

226
275

226
275

226
275

226
275

226
275

226
275

226
275

226
275

226
275

226
275

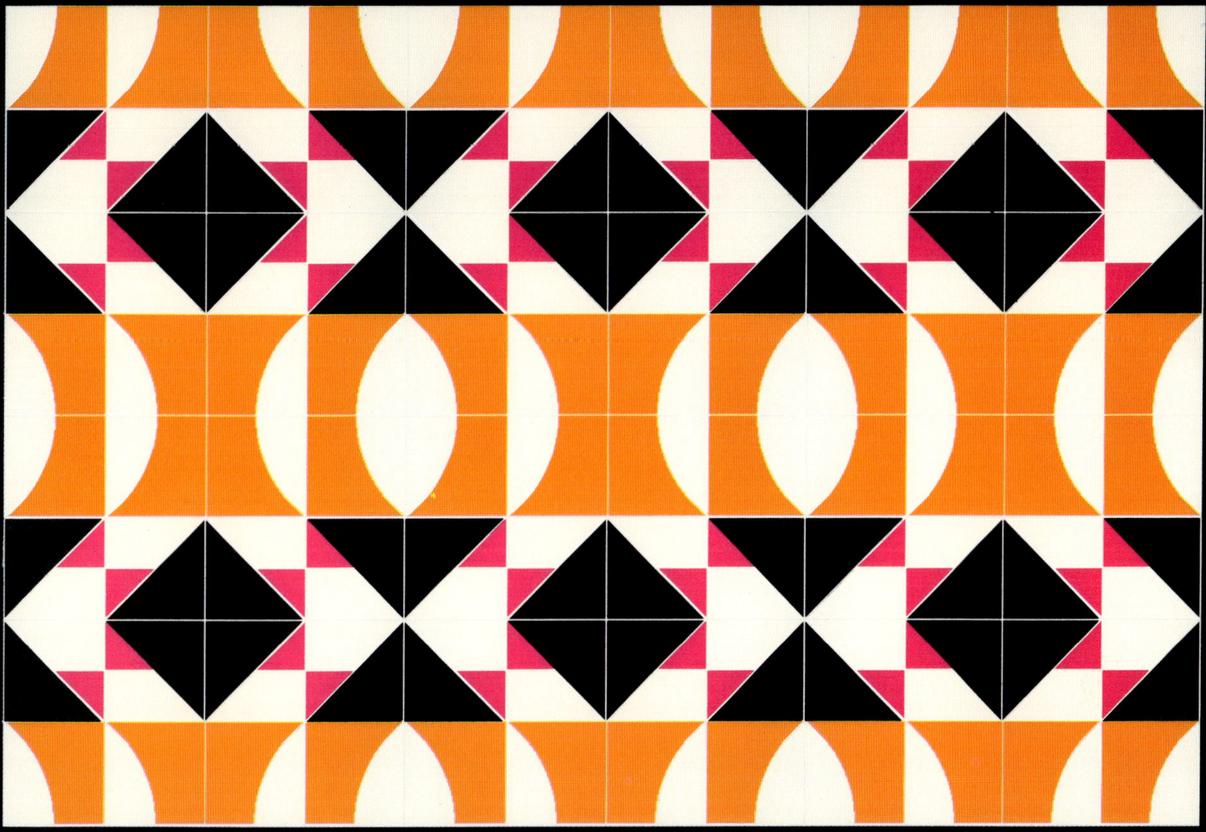

226
275

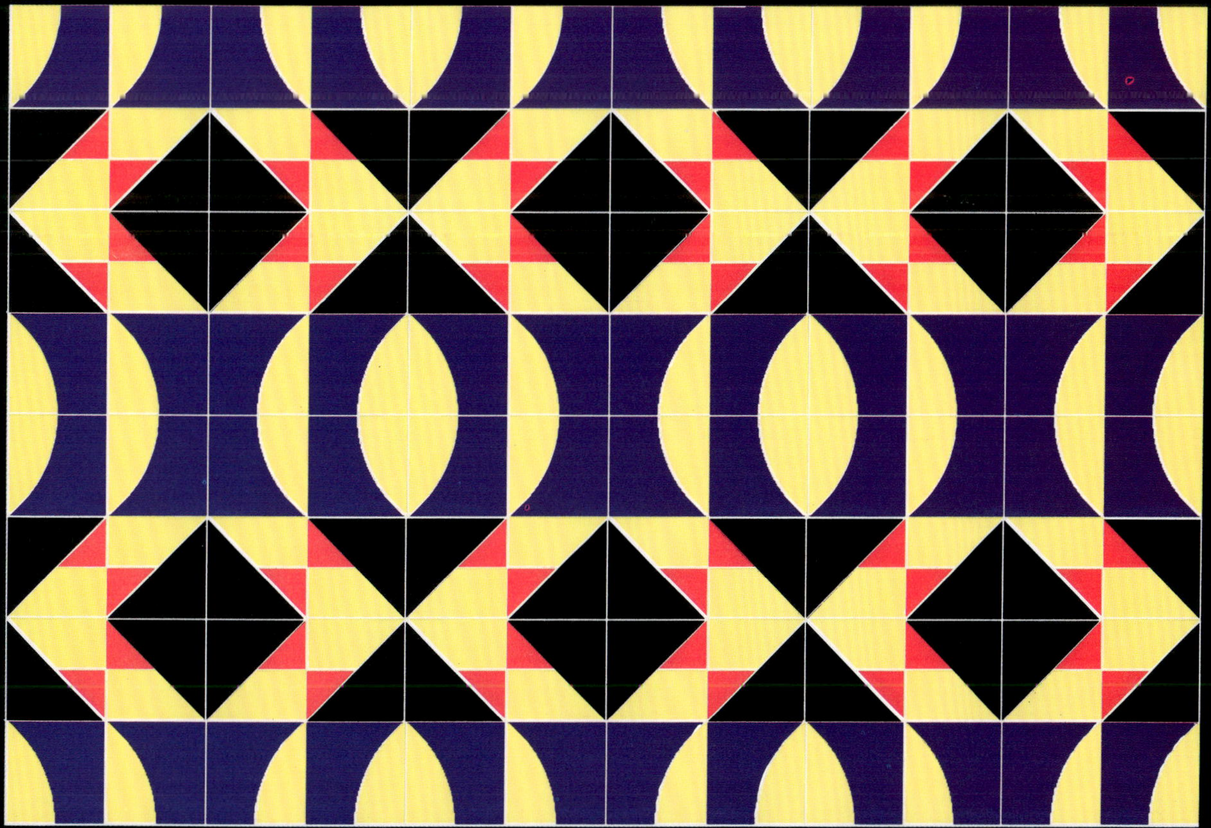

226
275

211
212
275

211
275

Kurven

211
212
275

211
212
275

211
212
275

211
212
275

211
275

212
275

275

Dieser Entwurf wurde durch eine Einheit in alle vier Richtungen erweitert.

211
212
275

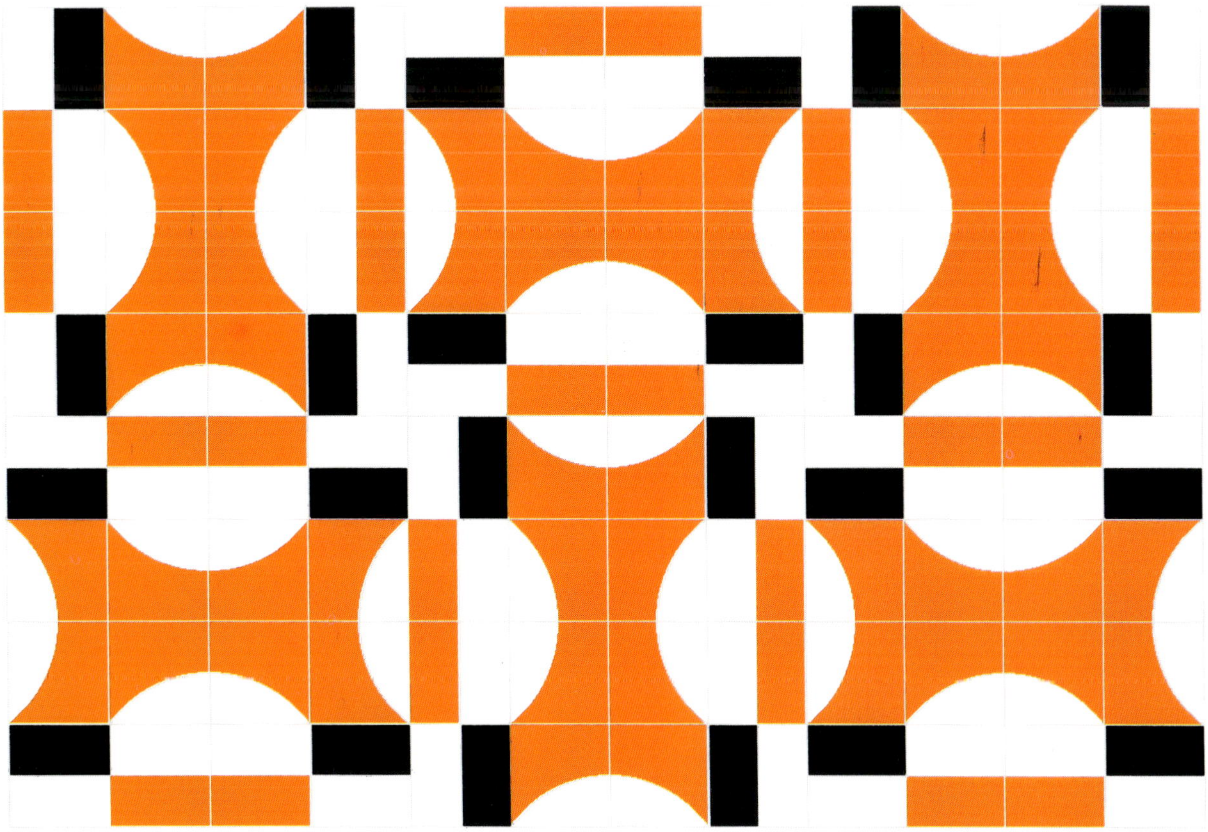

211
275

275

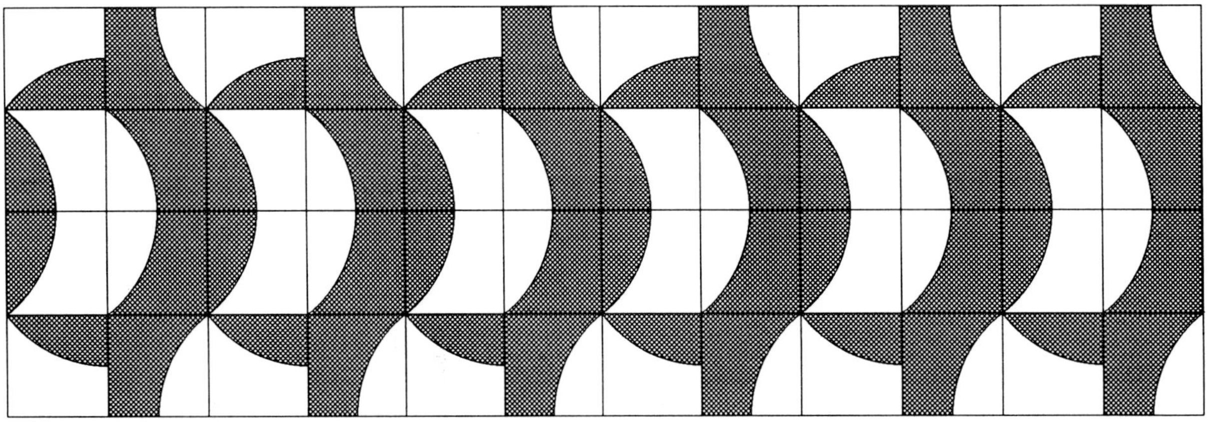

275

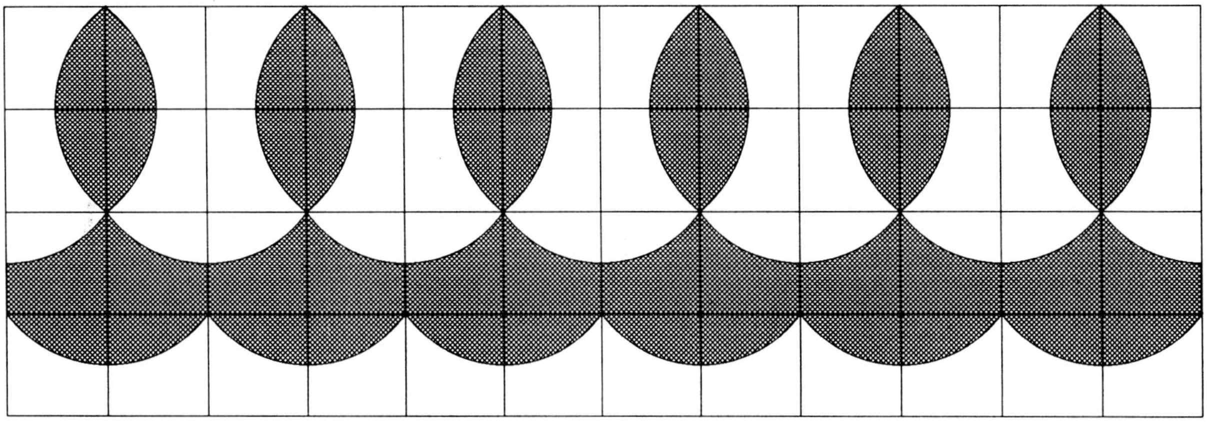

275

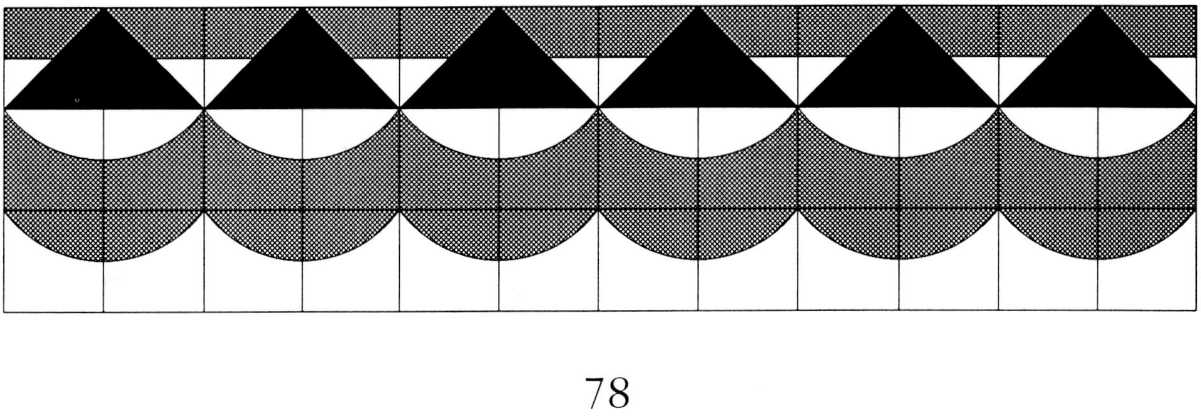

226
275

5
Amseln: Kurven und Spitzen

Für fast jeden Entwurf in diesem Kapitel ist Einheit Nummer 273 das Schlüsselelement. Es handelt sich um eine verlängerte Version von Einheit

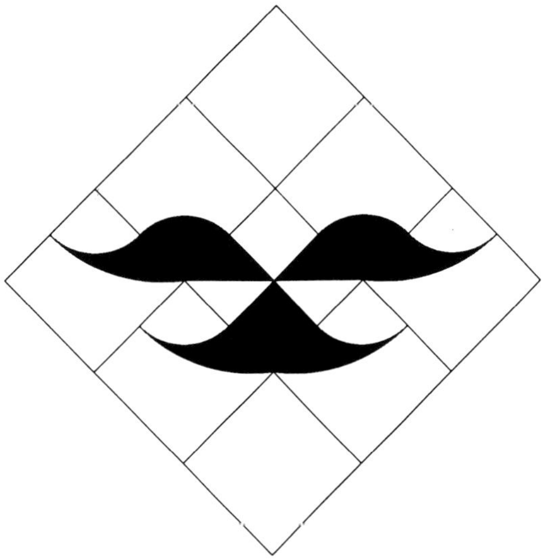

270, die in Kapitel 3 im Mittelpunkt stand. Mit Einheit 273 entstehen fast genauso viele gute Entwürfe, aber während Nummer 270 für sich allein eingesetzt werden konnte, braucht Nummer 273 Unterstützung. Zwei dieser unterstützenden Einheiten, die zu Nummer 273 passen, sind 278, die sich von der Einheit «Weg des Betrunkenen» durch den Radius des Viertelkreises unterscheidet, und die spitze Einheit 235, mit der Entwürfe hergestellt werden können, die Blumen und Glocken ähneln. Andere «unterstützende» Einheiten sind 275, 276 und 212 – letztere wird in diesem Buch häufig eingesetzt. Es ist eine wirklich «einfache» Einheit, die sich so harmonisch mit anderen verbindet, dass man oft zweimal hinschauen muss, um sie überhaupt zu entdecken!

Die einzigen Entwürfe, die 273 nicht enthalten, sind die Vogelmuster auf den Seiten 83–85, für die die Einheit, die traditionellerweise aus dem Muster «Weg des Betrunkenen» bekannt ist, eingesetzt wird. Das Muster «Weg des Betrunkenen» ist einer der bekanntesten «kurvigen» Entwürfe und wird häufig als einziges Beispiel vorgestellt. Es war eine Überraschung, dass nach vielen Stunden Arbeit «Amseln» das einzige andere Muster von speziellem Interesse war, bei dem diese Einheit ebenfalls enthalten ist. Die Amselversionen auf den Seiten 85 und 88 (die beiden oberen Blocks) sind eleganter, und der weisse Hintergrundsbereich dieser beiden Entwürfe kann für umfangreiche Quiltsteppereien genutzt werden.

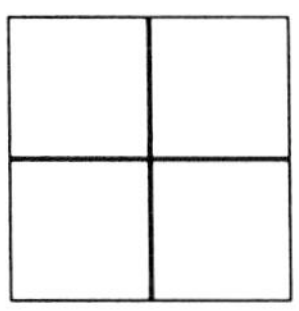
Einheit 212

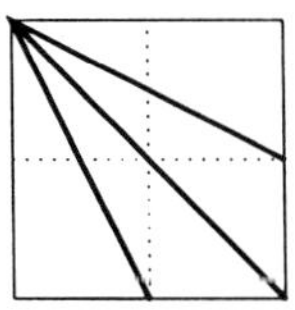
Einheit 235

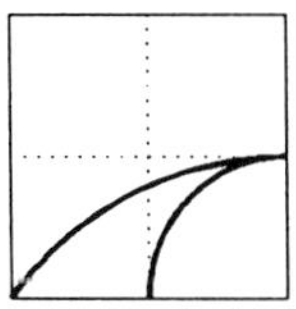
Einheit 270

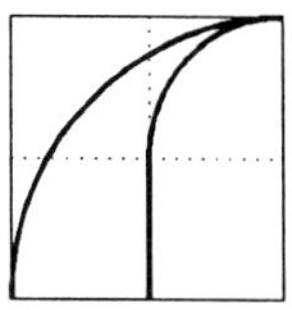
Einheit 273

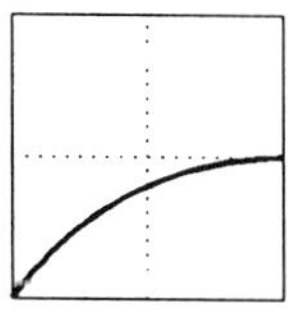
Einheit 275

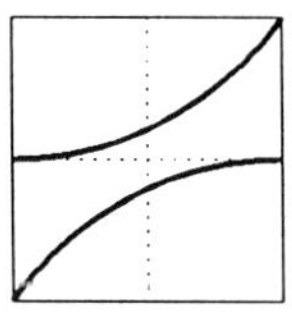
Einheit 276

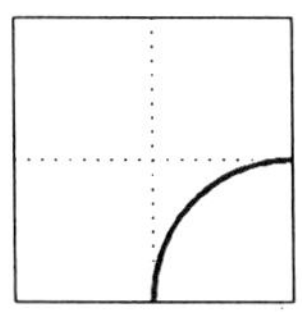
Einheit 278

273
275

273
275

101
212
273

273
275

273
275

273

Kurven und Spitzen

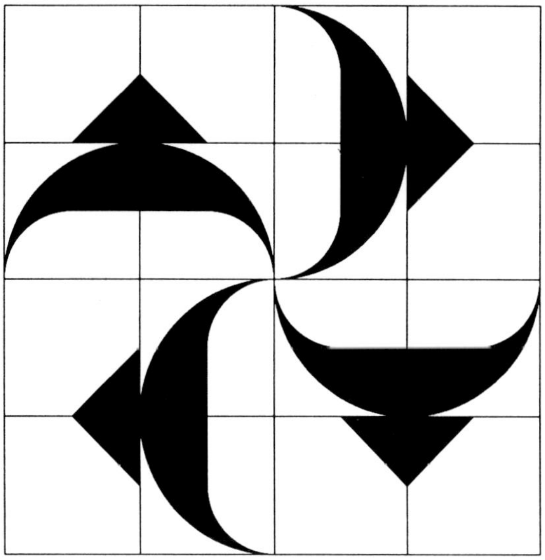

201
273

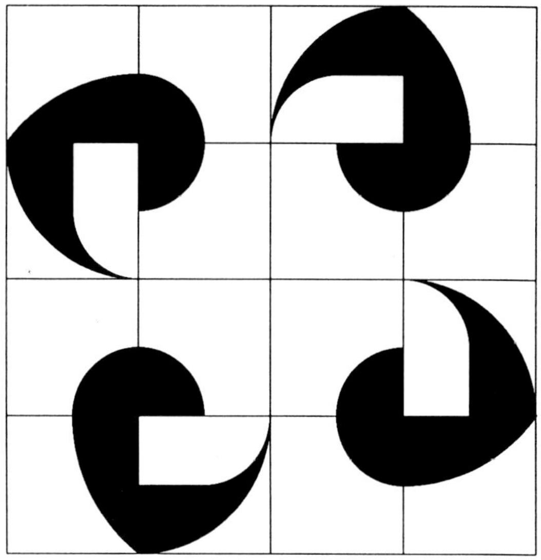

273
275
278

101
273
275

101
273
275

101
273
275

273
275

235
273

235
273

Mariannes Schwalben

Bettüberwurf von Marianne Bondo Hoff.
Grösse 220 x 200 cm. 1992
Entwurf auf Seite 85

Amseln

Wandbehang. Grösse 108 x 84 cm. 1987
In Privatbesitz. Entwurf auf Seite 85

273
278

310

235
273
278

235
273
278

Hochzeitsglocken-Entwurf

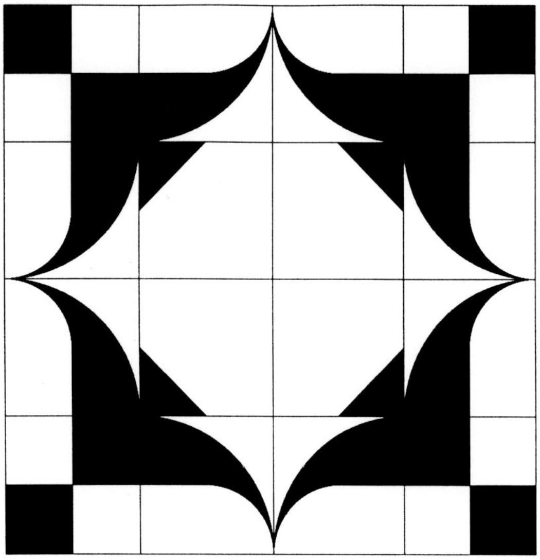

201
212
273

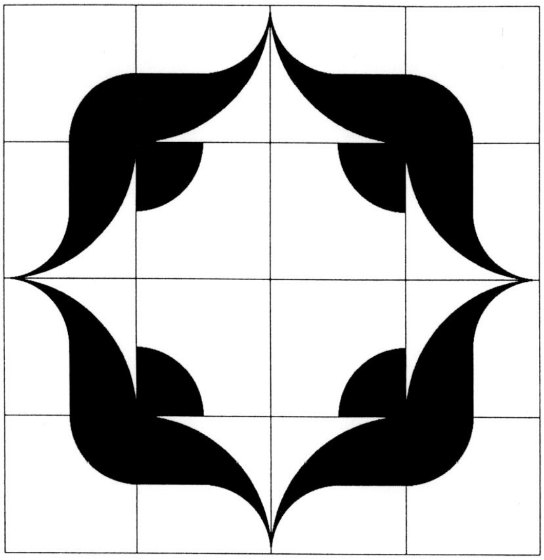

273
278

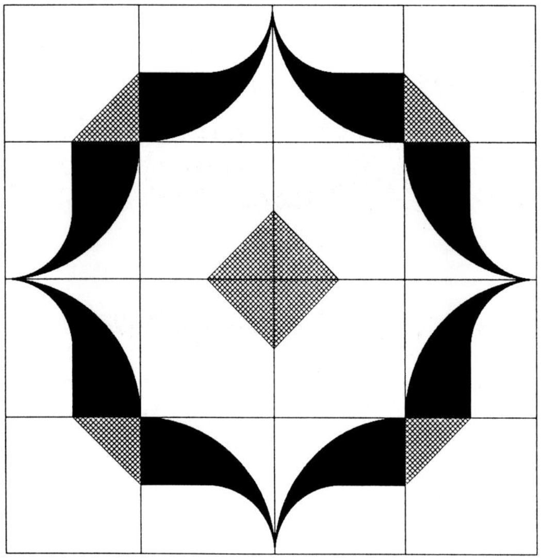

201
273

201
273
390

212
273

212
273

Kurven und Spitzen

212
273

212
273

273
275

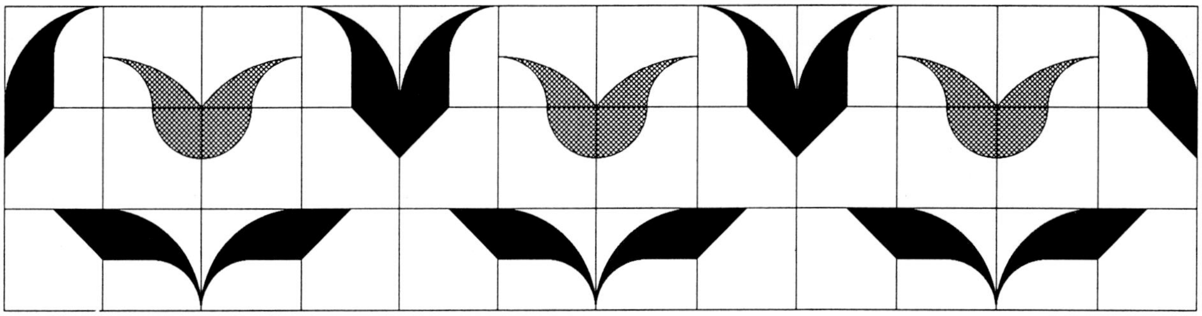

201
270
273
278

270
276

270
273
276

273
276

273
276

273
276

273
276

6
Eingang: Streifen und Dreiecke

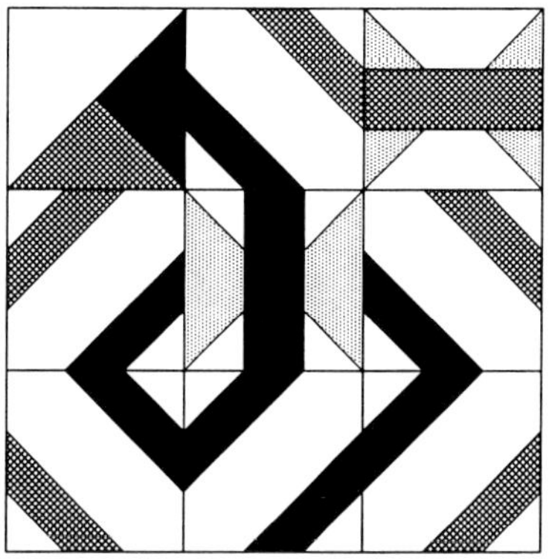

Wir wollen die kurvigen Entwürfe hinter uns lassen und uns statt dessen erneut mit Dreiecken befassen, um zu sehen, wie man mit ein paar zusätzlichen Streifen Entwürfe schaffen kann, die sich von den ursprünglichen völlig unterscheiden. Während die Entwürfe bisher nach kräftigen Farben verlangten, zeigt dieses Kapitel Entwürfe, für die viele unterschiedliche Farben eingesetzt werden müssen. Mich haben Entwürfe, bei denen man den Eindruck gewinnt, es handle sich um mehrere übereinander geschichtete Lagen, immer besonders fasziniert, und viele Entwürfe in diesem Kapitel haben das Potential für diese Wirkung, solange man bei der Auswahl der Farben daran denkt.

Nicht alle fertigen Arbeiten auf den nächsten Seiten wurden am Computer erstellt. Vielmehr wurde mein Interesse oft durch ein Detail des Entwurfes geweckt, um das herum ich schliesslich einen neuen Entwurf aufgebaut habe. Ein typisches Beispiel dafür war das Auftauchen eines Pfeils, als ich mit den Einheiten 113 und 321 arbeitete – wie in den Entwürfen auf Seite 96. Die Idee mit dem Pfeil wurde zu dem Wandbehang «Eingang» entwickelt, bei dem die Arbeit sehr viel Spass machte, als ich versuchte, so viele Pfeile wie möglich einzuarbeiten und mich gleichzeitig darauf konzentrierte, die Pfeile miteinander zu verweben.

Das Pfeilthema taucht in den meisten Entwürfen in diesem Kapitel auf. Bei manchen ist es das herausragende Element, während es in anderen etwas zurücktritt. Alles hängt nur vom Einsatz der Farben ab.

Die Entwürfe auf den Seiten 104, 105 und 107 entstanden alle nach der Zwei-mal-vier-Methode, die auf den Seiten 12 und 14 erwähnt wurde. Wenn man überhaupt verallgemeinern kann, wie Entwürfe eingesetzt werden sollten, bin ich der Meinung, dass diese Entwürfe am besten für Wandbehänge geeignet sind, die wiederum nach dem Einsatz von viel Farbe verlangen.

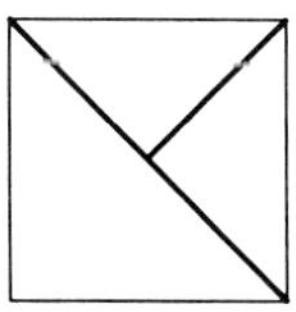

Einheit 113

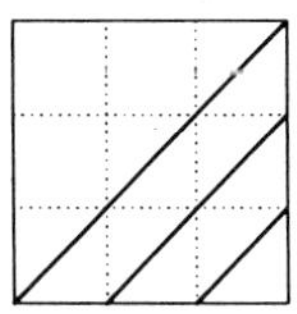

Einheit 321

113
321

113
321

113
321

113
321

113
321

113
321

Eingang

Wandbehang. Grösse 115 x 98 cm. 1988
Mit der Maschine zusammengesetzt

321
324

321
324

101
113
321
323

101
113
321
323

Taipei

Wandbehang. Grösse 126 x 126 cm
In Privatbesitz. Entwurf auf Seite 99

Feuer

Wandbehang. Grösse 108 x 72 cm. 1989
In Privatbesitz. Ähnliche Entwürfe sind auf Seite 107 abgebildet.

324
343

113
324
344

113
324
344

324
344

324
344

324
343

324
344

114
324
344

114
344

114
324
344

114
344

114
324
344

114
324

114
324
344

114
324
344

Frühling in Culham

Wandbehang. Grösse 172 x 140 cm. 1989
In Privatbesitz

Culham ist ein kleines Dorf südlich von Oxford, das in der Nähe der Themse liegt.
Wie in vielen anderen englischen Dörfern blühen dort im Frühling Unmengen von Glockenblumen.

Foto von Raymond Faber, Luxemburg

7
Feuerrad: Parallelogramme

Bei meinen Arbeiten stammt die Inspiration zu neuen Einheiten aus vielen Quellen, angefangen bei Teppichen bis hin zu Schornsteinen. Einheit Nummer 256 wurde durch ein Foto angeregt, das mein hatte, suchte ich nach Möglichkeiten, sie miteinander zu verbinden. Das Endresultat ist auf Seite 113 abgebildet. Man beschreibt es wohl am besten als Musterquilt mit fünf verschiedenen Blocks.

Sohn von der Kuppel der Kathedrale von York im Norden Englands aufgenommen hatte. Bei dieser Einheit verhält es sich genauso wie bei Einheit Nummer 341 in Kapitel 2: Für sich allein wirkt sie zu unruhig, so dass unterstutzende Einheiten gebraucht werden. Wie so oft ist eine einfache Einheit wie Nummer 211 der perfekte Partner, und es entstehen einige sehr bemerkenswerte Blocks. Ich möchte jedoch darauf hinweisen, dass sich diese Blocks (Seite 110 und 111) nicht besonders gut für Wiederholungen eignen. Aus diesem Grund sollten Sie andere Einsatzmöglichkeiten für sie finden. Mein erster Gedanke war, die Blocks für Kissen zu verwenden, aber mir ergeht es oft so, dass ich mit einem kleinen Projekt, etwa einem Paar Topflappen, beginne und schliesslich mit einem Quilt ende. Nachdem ich also die ersten drei Kissen genäht

Wenn man Nummer 256 mit 245 (siehe Seite 115) mischt, entsteht ein Kreiseffekt. Die Idee, kurvige Entwürfe herzustellen, ohne dabei Kurven zu verwenden, kann zu einer rechten Leidenschaft werden, und wir werden uns mit diesem Phänomen in Kapitel 9 befassen.

Nummer 251 ist eine weitere Einheit, mit der sich, allein verwendet, unzählige Entwürfe erzeugen lassen. Auf den Seiten 116 und 117 konzentrieren wir uns auf rotierende Blocks, während Seite 118 Beispiele für einfache Wiederholungen des Grundsets der Einheiten zeigt. Nummer 251 ist ausserdem eine der wenigen Einheiten, mit denen sich gleichermassen attraktive Ergebnisse erzielen lassen, unabhängig davon, ob man viele oder wenige Farben verwendet.

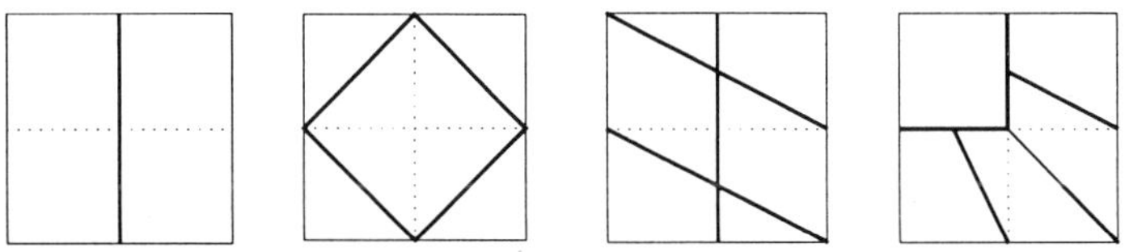

Einheit 211 *Einheit 245* *Einheit 251* *Einheit 256*

211
256

211
256

211
256

211
256

211
256

211
256

Parallelogramme

211
256

211
256

211
256

211
256

211
256

211
256

211
256

211
256

Feuerrad

Wandbehang. Grösse 155 x 140 cm. 1991

212
256

212
256

245
256

245
256

251

251

251

251

Parallelogramme

212
251

212
251

212
251

212
251

251 251

251

211
250
256

211
251
256

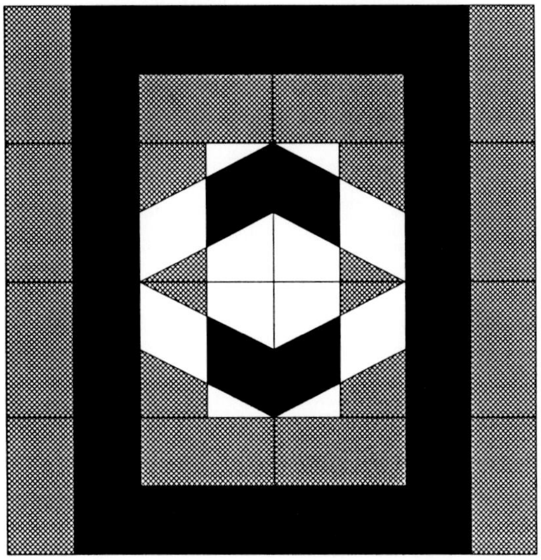

211
251

203
211
251

203
211
251

203
211
251

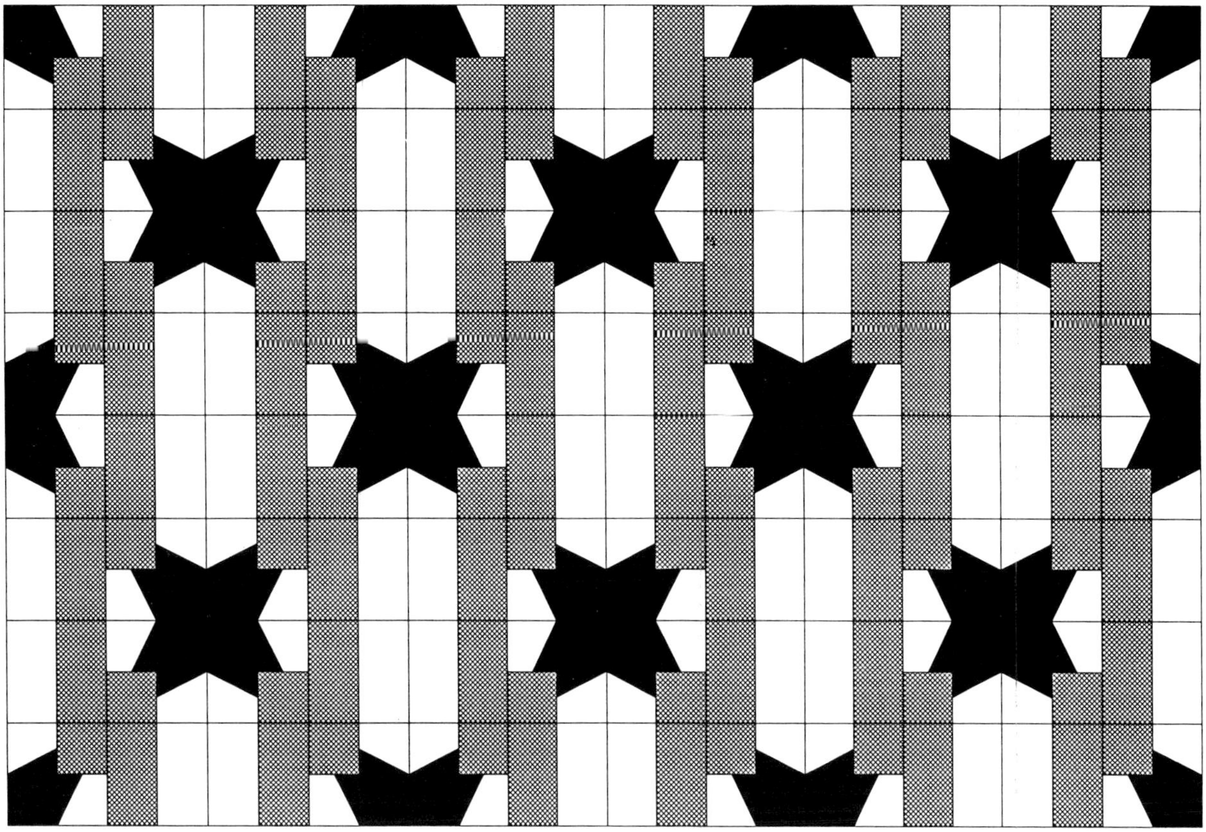

211
256

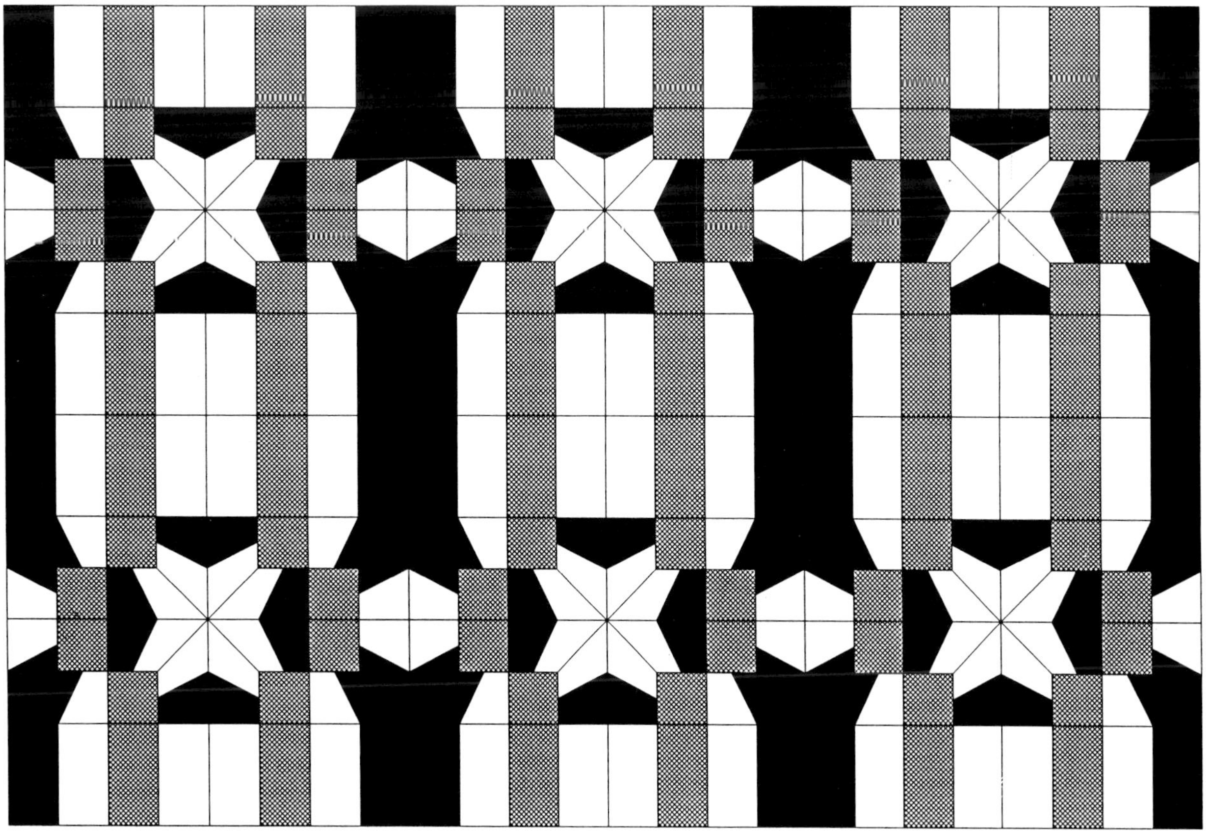

211
256

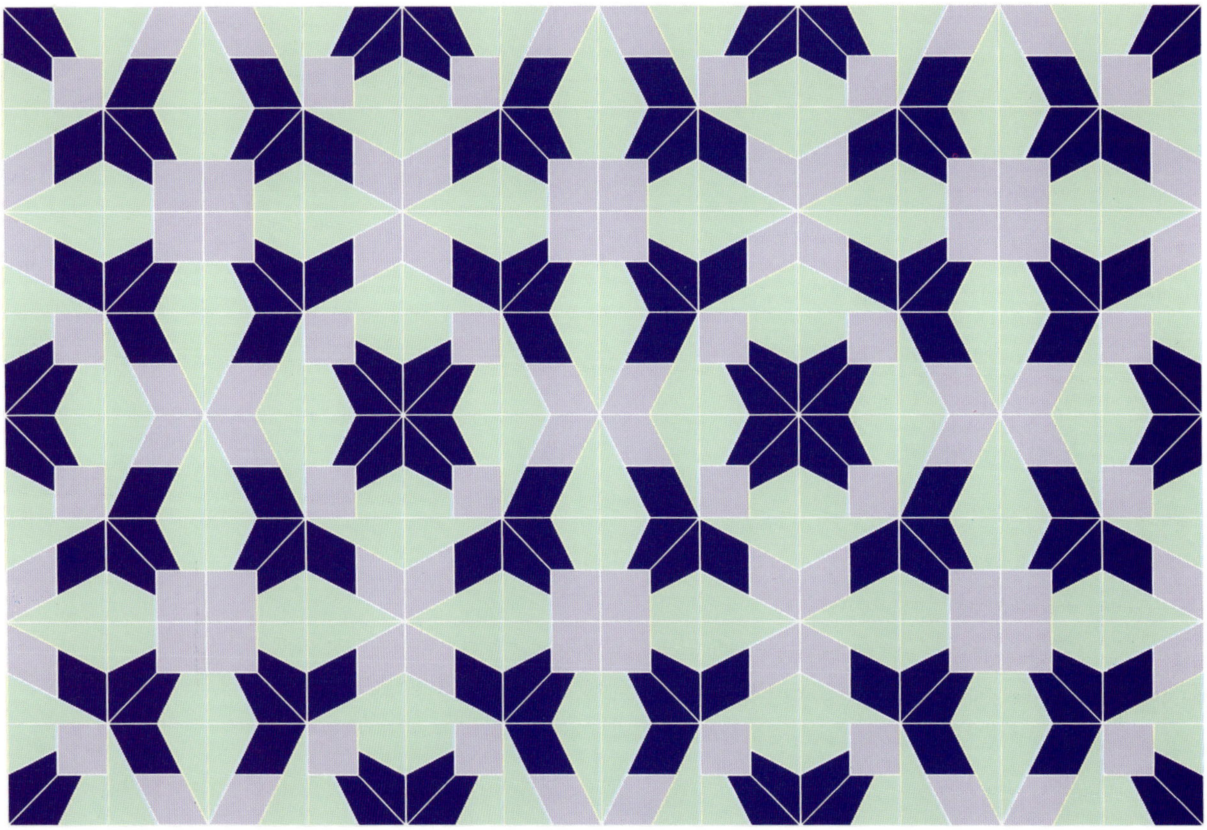

250
256

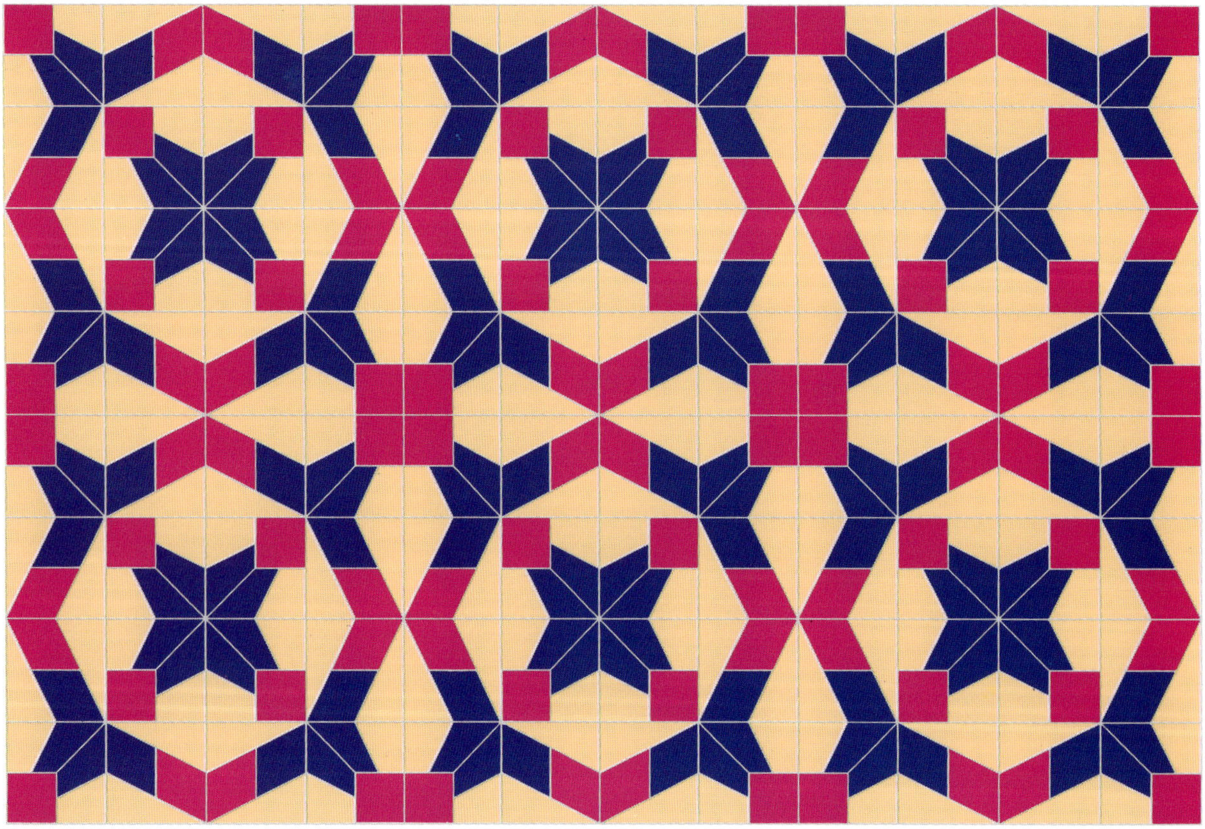

250
256

8
Die Strasse nach China: Streifen

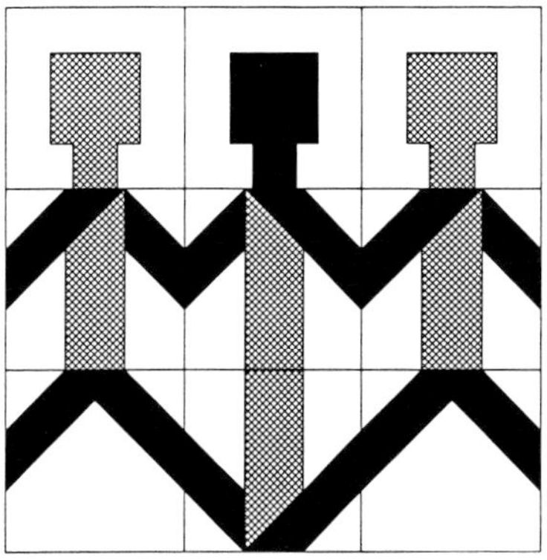

Wenn Sie die verschiedenen Einheiten in dem Verzeichnis am Ende des Buches betrachten, speziell jene, die auf Einheiten von drei mal drei oder vier mal vier Quadraten beruhen, stellen Sie vielleicht fest, dass man viele einfach als Streifen betrachten könnte, die quer über das Quadrat verlaufen, manchmal in gerader Richtung und dann wiederum um eine oder zwei Ecken. Eine intensive Untersuchung dieser Einheiten hat mehrere Musterarten offenbart, die allein auf Streifen beruhen. Eine solche Familie ist das Thema von Kapitel 10, aber an dieser Stelle wollen wir uns auf die Einheiten 347, 348 und 350 konzentrieren. Sie sind eng miteinander verwandt, und oft entsteht ein Effekt, als würden mehrere Streifenschichten übereinander liegen, ähnlich wie es bei den Entwürfen in Kapitel 6 der Fall ist. Eine unterstützende Einheit ist Nummer 324. Hier werden Merkmale, die in einem Entwurf bereits enthalten sind, hauptsächlich erweitert.

Auf den Seiten 126 und 127 finden Sie vier Zufallsmuster. Gestreifte Zufallsmuster enthalten oft interessante Details, die für sich allein genutzt werden können, aber sie können auch die Grundlage für ungewöhnliche Arbeiten wie Tove Bonnichsens Wandbehang, der auf Seite 129 abgebildet ist, bilden. Sollten Ihnen einige Entwürfe in diesem Kapitel zu verzwickt oder überwältigend scheinen, entfernen Sie einfach einen oder zwei Streifen.

Dieses Kapitel enthält auch ein paar Kaleidoskop-Entwürfe. Sie sind zwar besonders schön, aber Sie müssen mit besonders komplizierten Einheiten entlang der Diagonalen fertig werden.

Die vier Blocks auf den Seiten 136 und 137 sind sehr komplex. Wahrscheinlich müssen Sie sie einige Zeit lang betrachten, bis Sie erkennen, dass sie tatsächlich alle aus einer einzigen Einheit, der Nummer 348, bestehen. Die Erfahrung hat mich gelehrt, dass man diese Entwürfe am besten für sich allein verwendet.

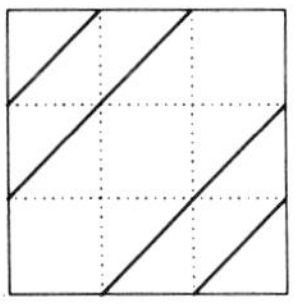

Einheit 324

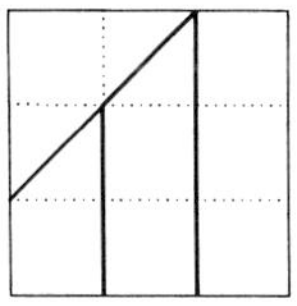

Einheit 347

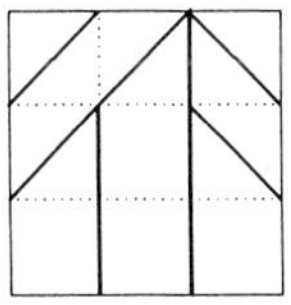

Einheit 348

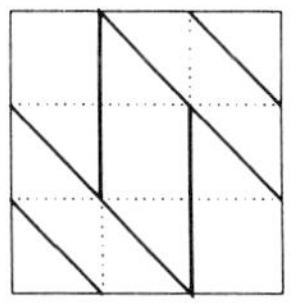

Einheit 350

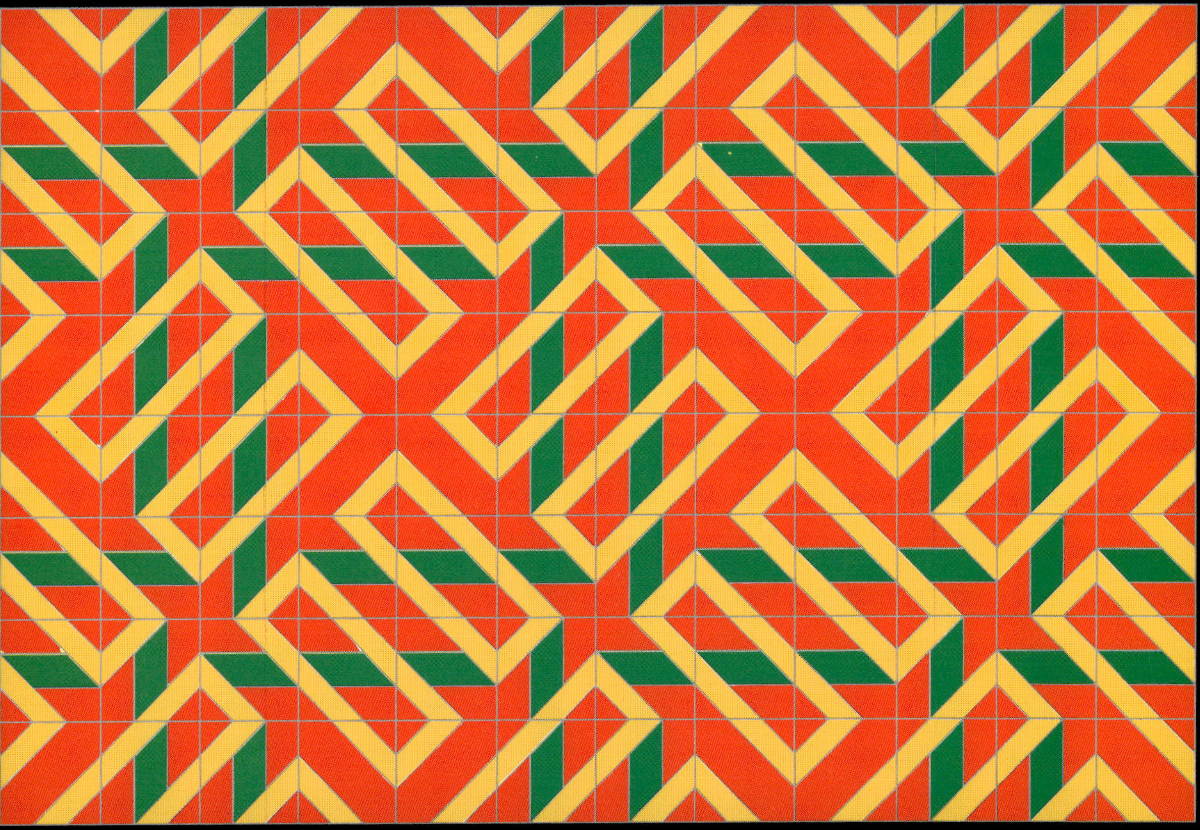

324
350

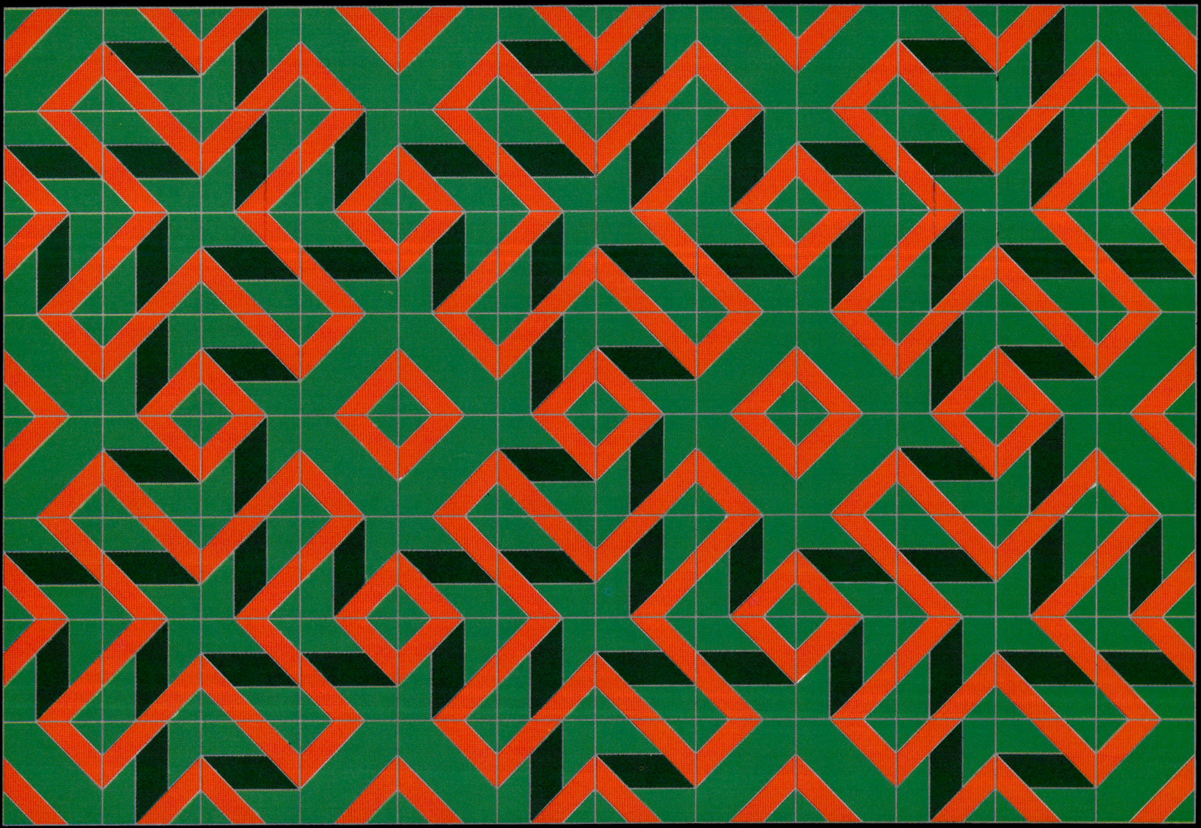

324
350

347
348

324
347
348

350

350

350

350

350

350

Die Strasse nach China

Wandbehang von Tove Bonnichsen. Grösse 165 x 118 cm. 1990
Mit der Maschine zusammengenäht

350
351

350
351

324
350

324
350

324
350

324
350

324
350

324
350

348
350

Während die meisten Entwürfe als Blocks aus drei mal zwei Quadraten abgebildet sind, wurde dieser auf die Grösse 3 1/2 mal 2 1/2 erweitert, indem aussen herum eine Einheit hinzugefügt wurde. Auf diese Weise taucht das Hauptmerkmal des Entwurfes – das verdrehte Band, das aus drei kleinen Quadraten besteht – häufiger auf.

324
348

324
348
350

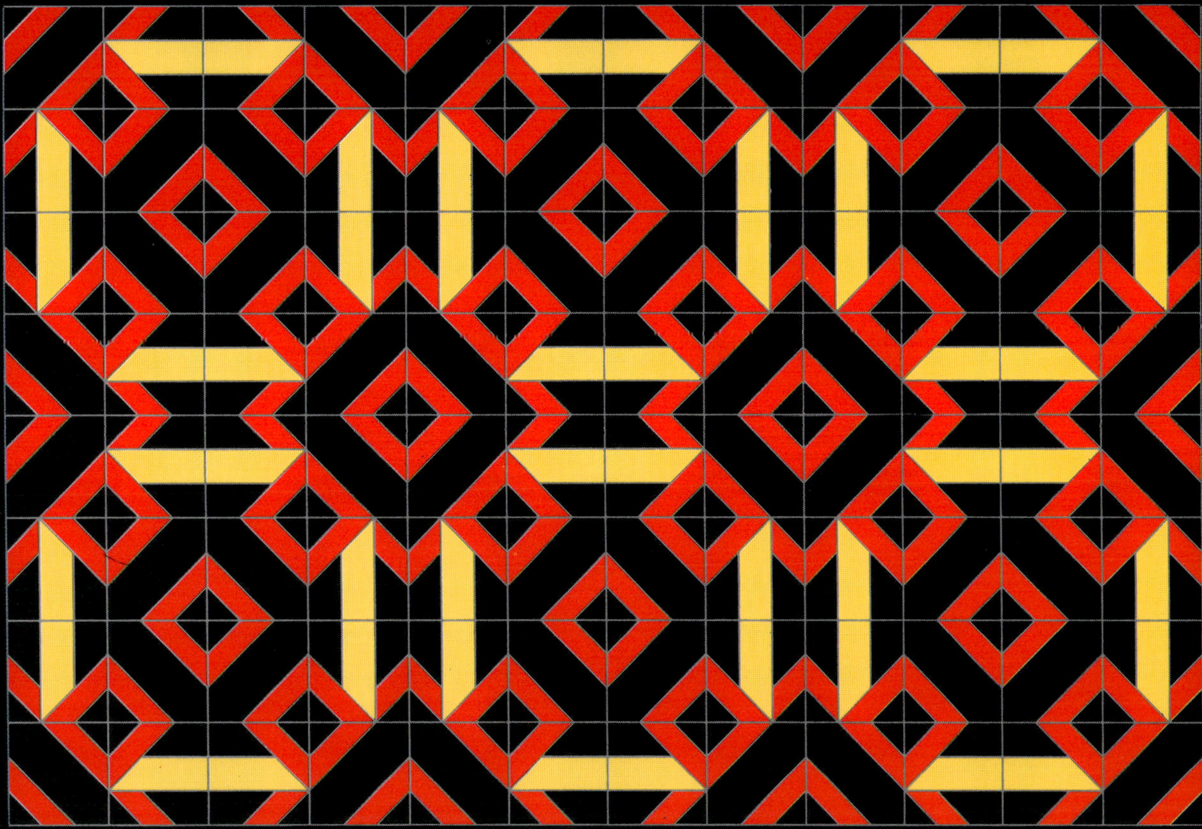

324
348

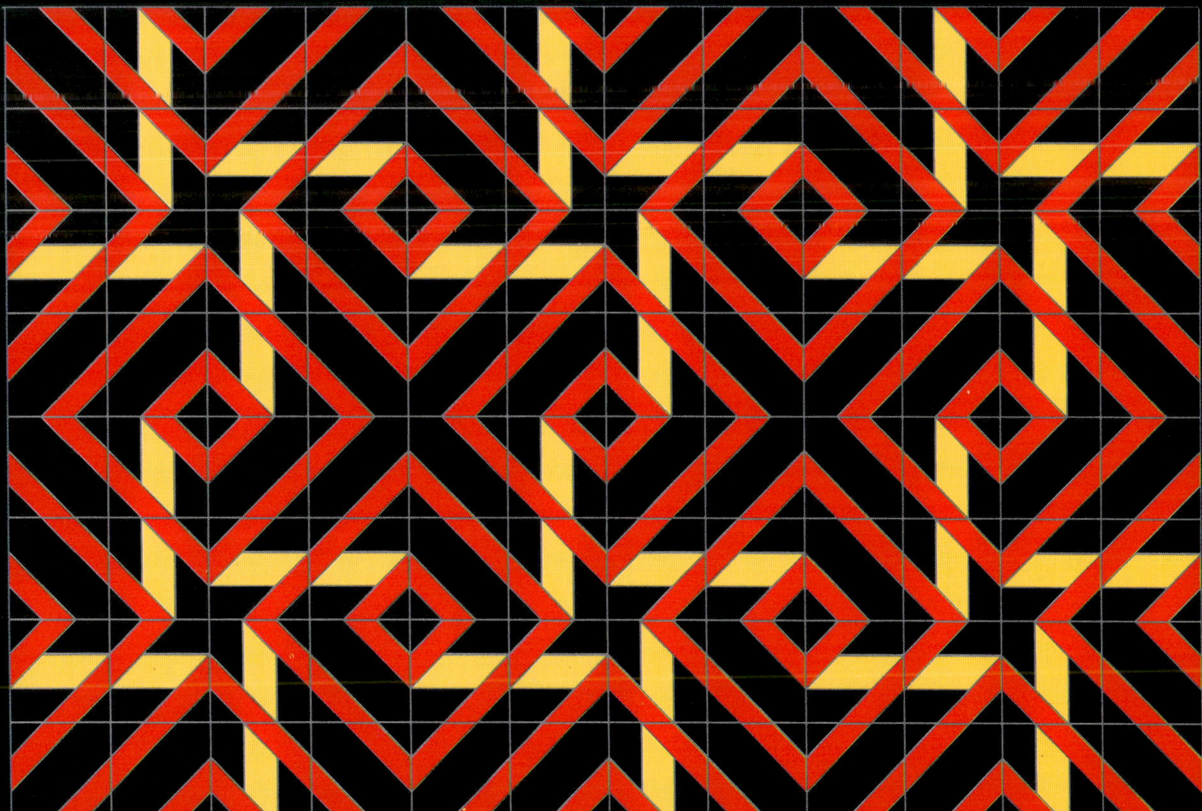

324
350

348

348

348

348

350
376

9
Seewege: Kreislinien

Kapitel 7 zeigt ein paar Beispiele für Kreise, die ohne kurvige Einheiten entstanden sind, so dass keine runden Nähte anfallen. Diese Art Muster haben mir schon immer sehr gut gefallen, und sie lassen sich leicht erzielen. Einheit Nummer 248 – Sturm auf dem Meer – ist ein gutes Beispiel für eine Einheit, mit dem sich Kreise erzielen lassen. Wenn sie allein eingesetzt wird, entsteht eine Art Achteck, aber diese Wirkung kann noch weiter genutzt werden, indem Dreiecke, Quadrate oder kompliziertere Einheiten hinzugefügt werden. Mehrere Beispiele finden Sie auf den Seiten 140, 141 und 146.

Für kunstvollere Kurvenmuster haben sich die V-förmigen Einheiten Nummer 376 und 452 als besonders gut erwiesen. Mit ihnen lassen sich nicht nur überlappende Kreise und Kreise mit kompliziertem Innenmuster erzeugen, sondern sie sind auch die Grundzutat für die komplizierteren Kurven, die entstehen, wenn das Grundset von Einheiten gedreht und nicht gespiegelt wird. Mehrere Beispiele dafür finden Sie am Ende des Kapitels.

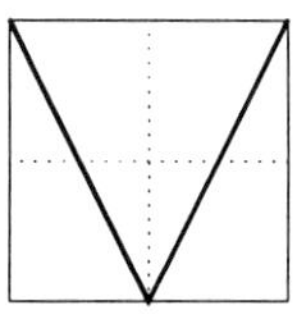

Einheit 248

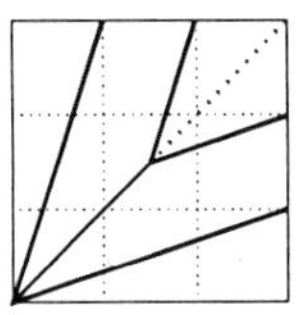

Einheit 376

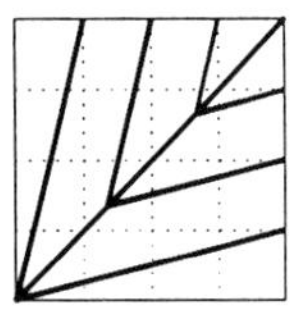

Einheit 452

248
291
292

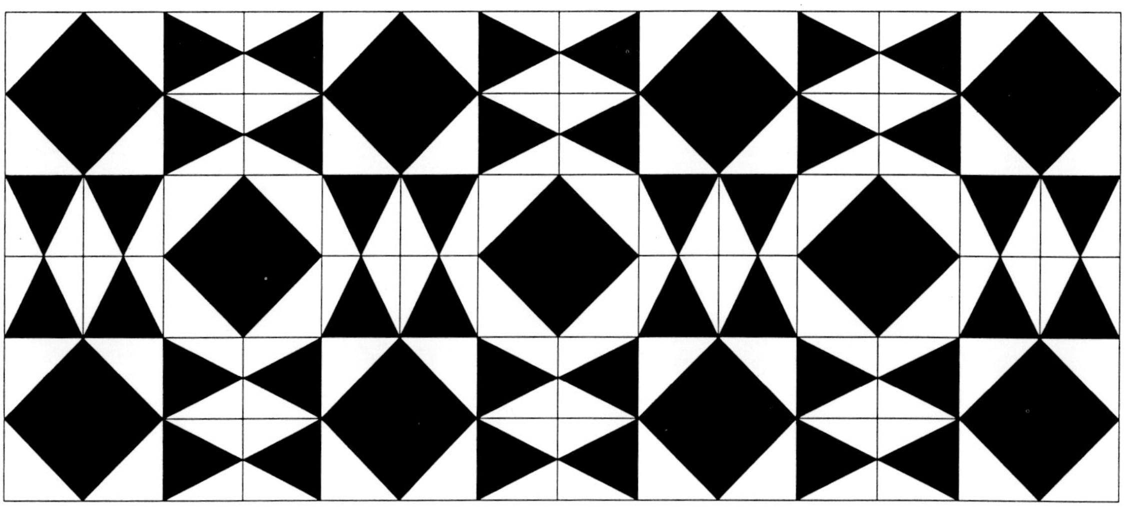

102
248

248
291
292

248
291

102
395

102
248
395

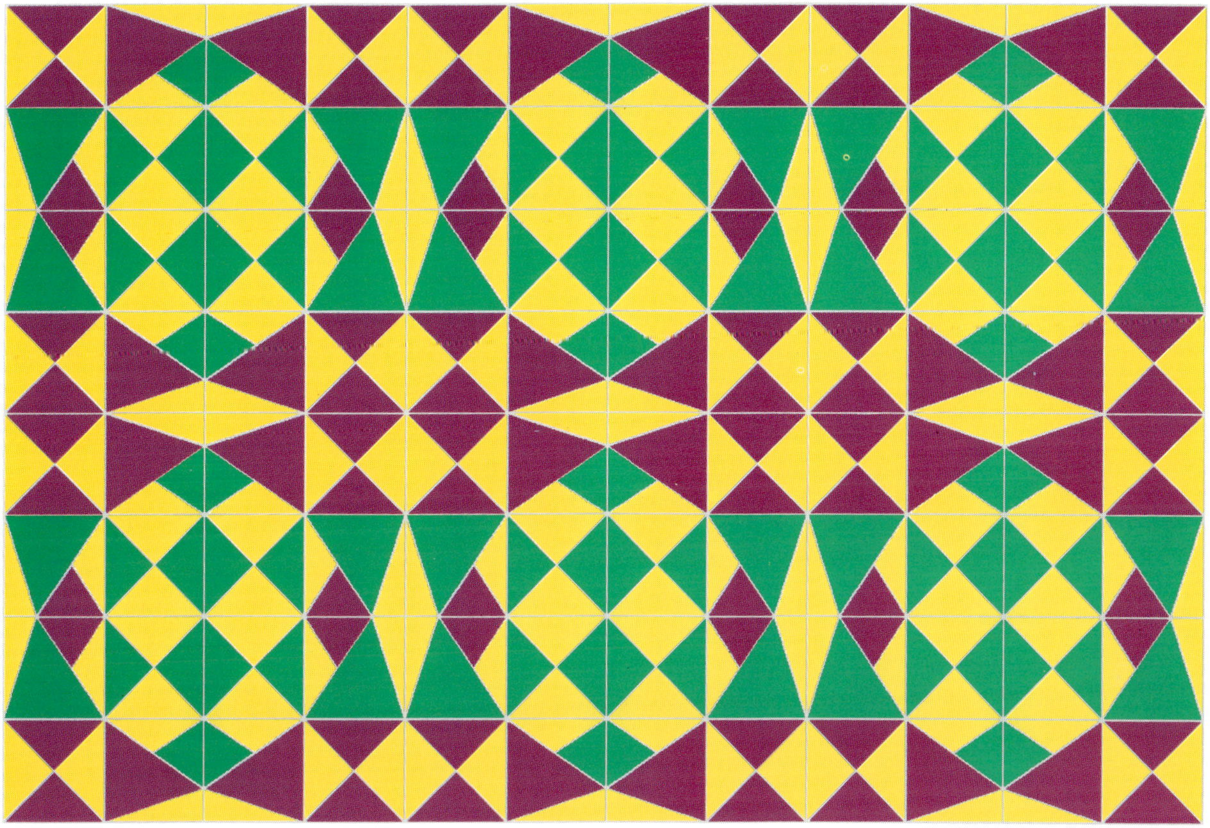

114
395

395

376
384

452
463

Seewege

Quilt für ein Einzelbett von Tove Bonnichsen. Grösse 195 x 147 cm. 1990
Mit der Maschine zusammengenäht
Entwurf auf Seite 140

376
384

328
376

328
376

328
376

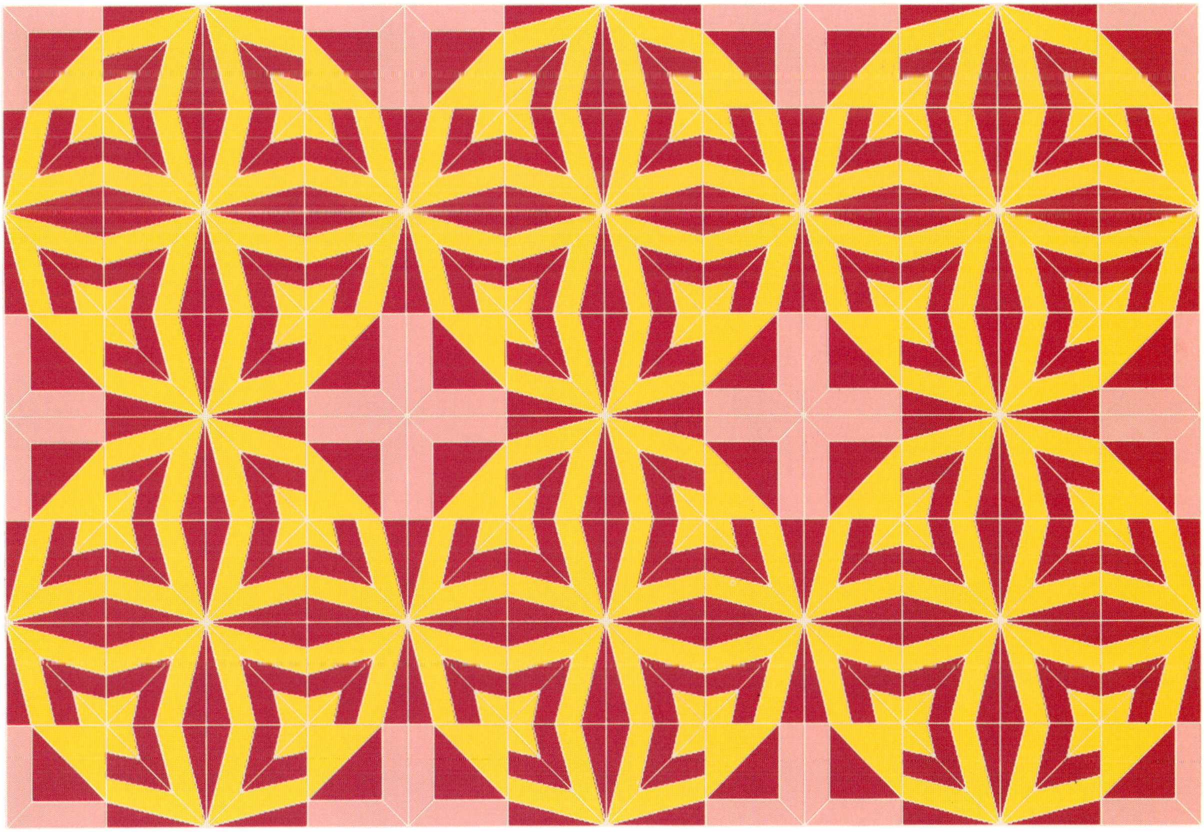

452
463

328
376

328
376

328
376

328
376

328
376

328
376

328
376

328
376

328
376

328
376

10
Pinselstriche: Noch mehr Streifen

Dieses Kapitel über Streifen unterscheidet sich von den anderen Kapiteln, da hier keine unterstützenden Einheiten gebraucht werden. Alle verwendeten Einheiten sind gleichermassen wichtig und erzeugen sehr starke Muster. Viele sind gut für Arbeiten mit nur zwei Farben geeignet.

Der Entwurf auf Seite 156 unten wurde für «Pain(t)staking» verwendet. Er erinnerte mich an Farbpinsel und soll viele verschiedenfarbige Pinsel zeigen, die alle schwarze und weisse Farbe auftragen!

Wenn man ein paar Blocks, die auf einer Seite nebeneinander abgebildet sind, betrachtet, fällt es sehr schwer, sich vorzustellen, was passieren würde, wenn man ein neues Muster erzeugt, indem die beiden wie auf einem Schachbrett miteinander abgewechselt werden. Betrachten Sie die beiden Blocks auf Seite 160 oben unter diesem Aspekt, und schauen Sie sich dann das Ergebnis auf Seite 166 an! Der Entwurf auf Seite 167 besteht ebenfalls aus zwei verschiedenen Blocks, die in diesem Fall aus der Mitte der beiden Kaleidoskop-Entwürfe auf den Seiten 168 und 169 unten stammen.

Die Entwürfe auf den Seiten 170–173 erinnern an Blumen und Blätter. Es sind kräftige, aber gleichzeitig zarte Muster.

Beachten Sie, dass die Grösse des Grundsets von Einheiten in dem Entwurf auf Seite 173 zwei mal drei beträgt und nicht die übliche Grösse von zwei mal zwei oder zwei mal vier hat.

Die beiden Entwürfe unten auf Seite 172 wurden für die auf Seite 6 und 174 abgebildeten Tischdecken verwendet.

430
450

431
450

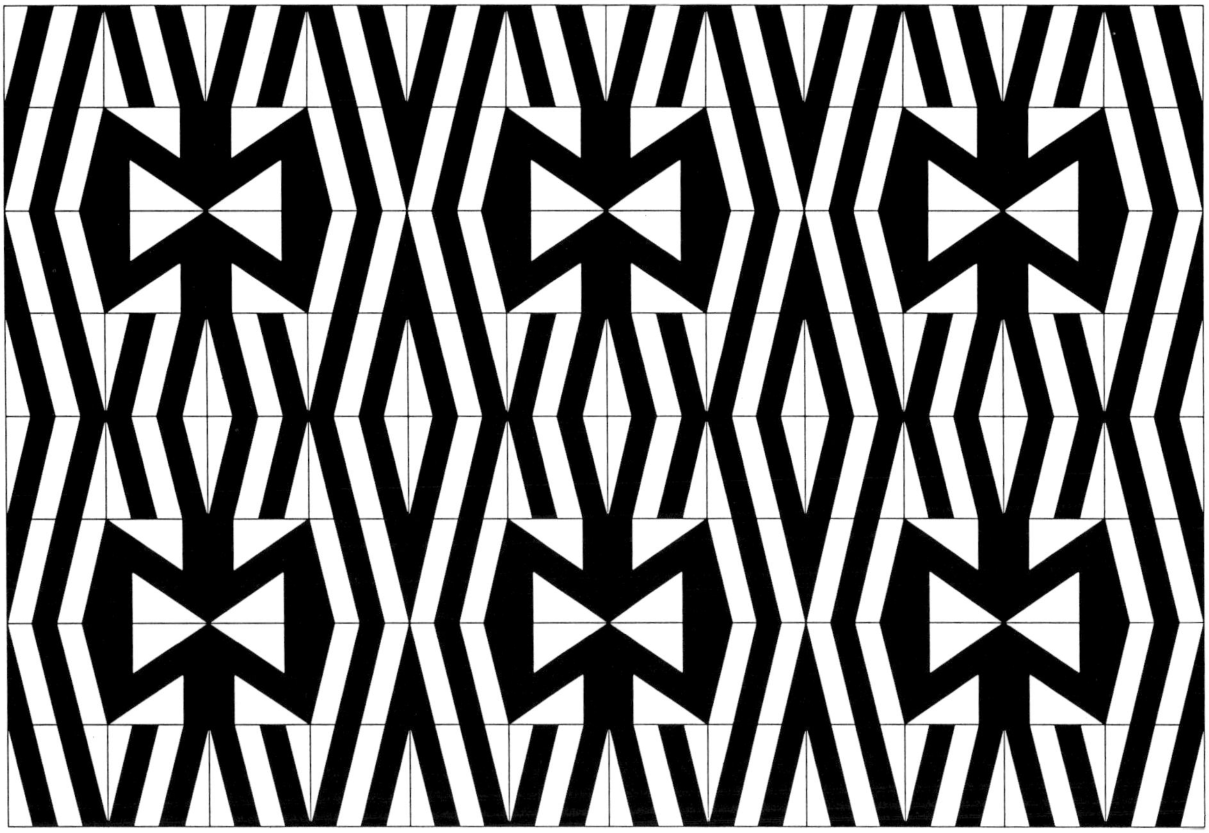

431
450

430
450

436
450

436
450

436
450

436
451

436
450

Pain(t)staking

Wandbehang. Grösse 100 x 100 cm. 1991
Entwurf auf Seite 156

AA

Wandbehang von Tove Bonnichsen. Grösse 152 x 78 cm. 1991
Entwurf auf Seite 156

417
450
452

417
450
452

450
454

454

454

417
450
452
454

454

454

452

452
453

452

452
453

417
452

417
452

417
452

417
452

452
453

452

417
452

417
450
452

450
453
455

450
452

450
452
455

450
455

450
453
455

421
423

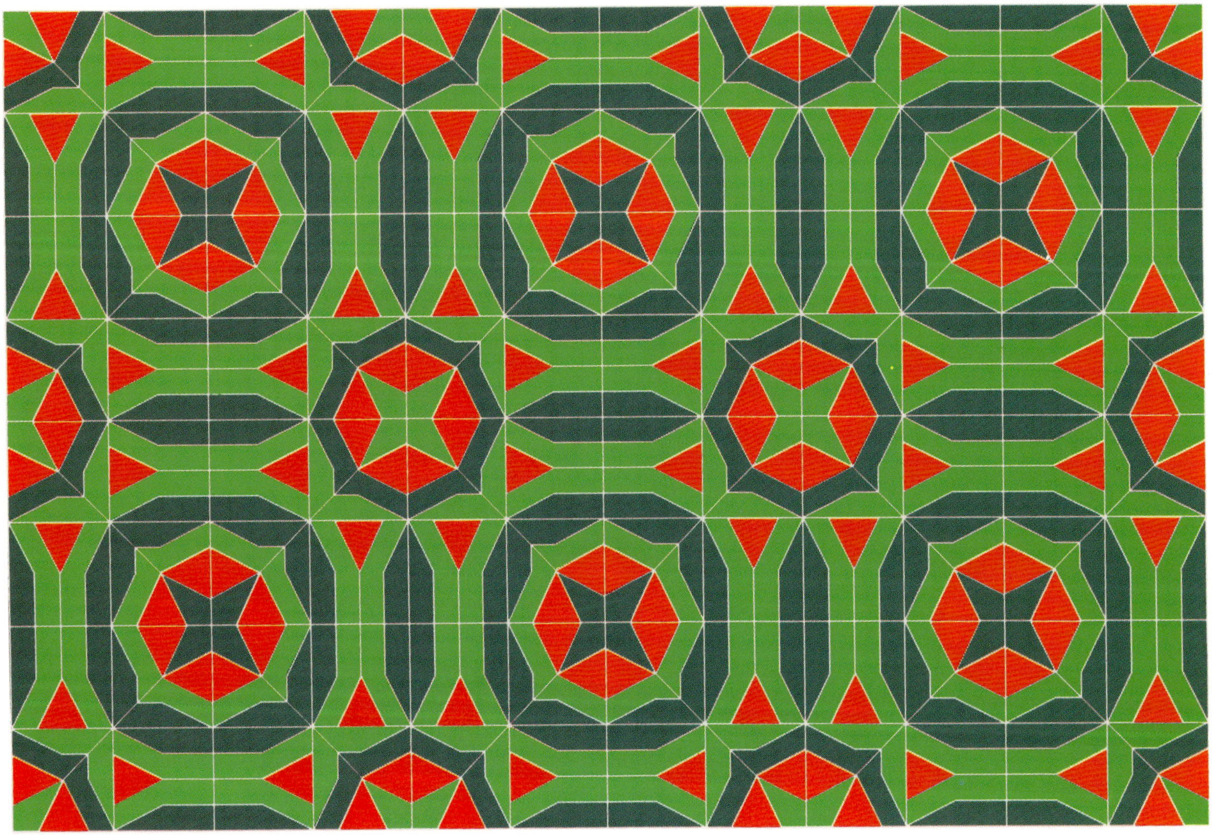

421
423

421
423

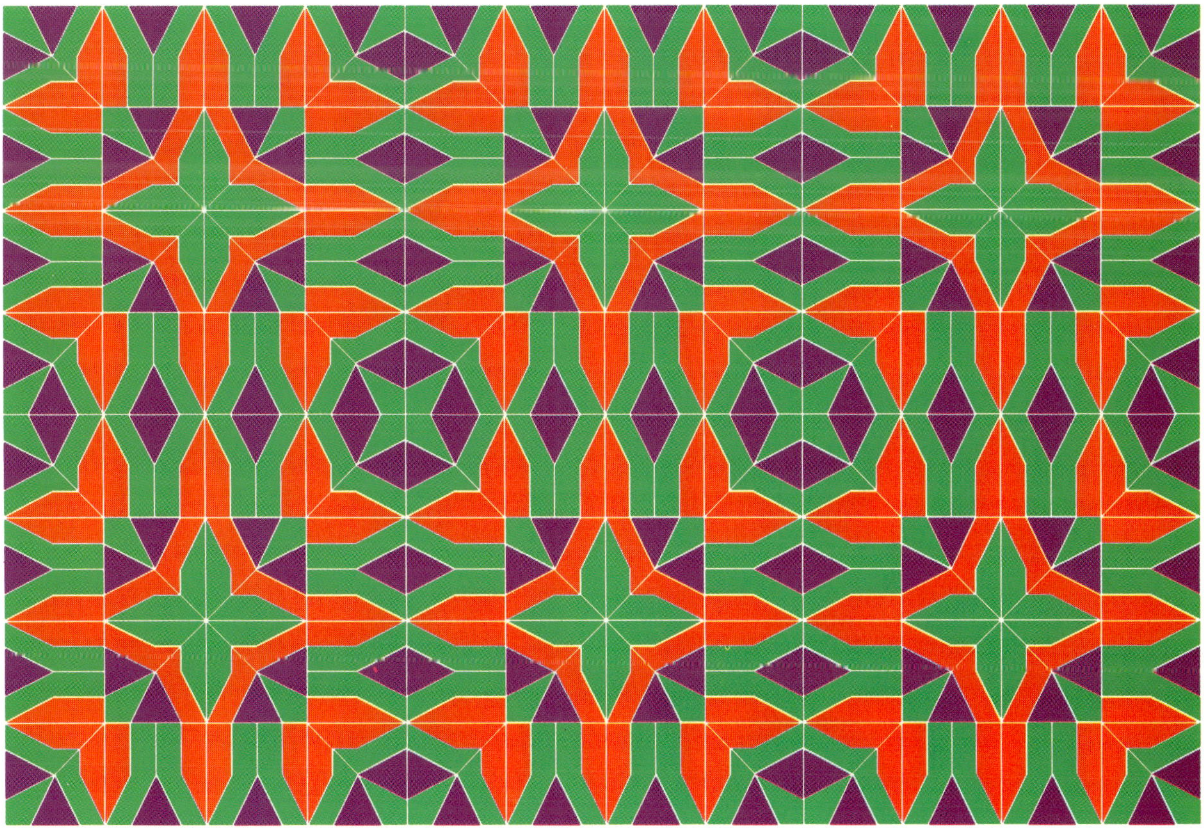

421
423

Noch mehr Streifen

416
421
423

416
423

421
423

421
423

417
421
423

417
421
423

401
416
423

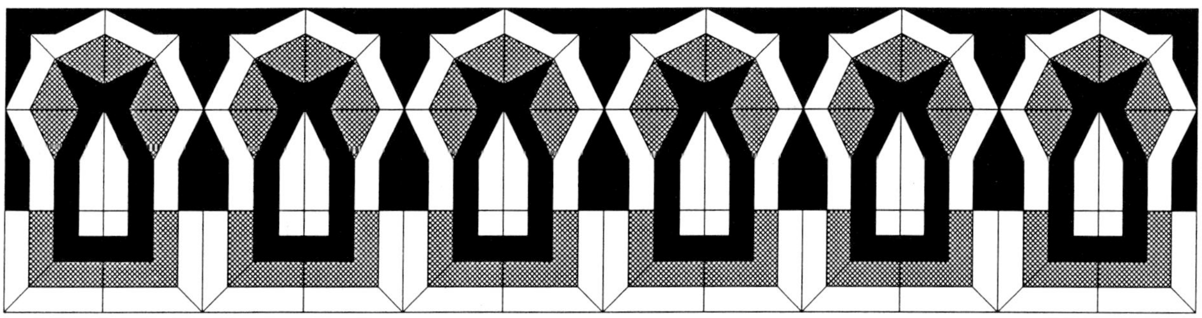

416
421
423

Sommer 1991

Tischdecke. Grösse 132 x 132 cm. 1991
Die Farbwahl wurde durch Wildblumen angeregt, die in Dänemark im Monat Juli blühen.
Ein Viertel des Musters ist auf Seite 172, unten links, abgebildet.

11
Schmetterlinge im Winter: Spitzen

Das Thema dieses Kapitels ist der Stern mit vier Spitzen, der entsteht, wenn vier Kopien von Einheit Nummer 466 zusammengesetzt werden. Ausserdem sind mehrere Variationen aufgeführt.

Nummer 466 ist meine Schmetterlingseinheit! Sie wurde für sich allein eingesetzt, um den Quilt «Fliegender Sommer» (Seite 187 und 188) zu schaffen, einen sehr leichten Entwurf. Eine einfache Variation von 466 ist Einheit Nummer 389, die ich für «Schmetterlinge im Winter» verwendet habe. Diese Einheit ist komplizierter und schwieriger zusammenzusetzen. Wenn ich ehrlich bin, würde ich die Grundschablonen vergrössern, wenn ich diesen Quilt noch einmal nähen müsste. Ich hatte die Grundregel vergessen, dass ein Quilt um so schwerer wird, je mehr Stoffteile er enthält!

Betrachten Sie die Seiten 176 und 177 und sehen Sie, was passierte, als die Einheit «Mansardenfenster» gegen meine Schmetterlingseinheit ausgetauscht wurde: die Muster werden viel zarter.

Auf den Seiten 184 und 185 sind weitere Beispiele für das Mischen von Blocks aufgeführt.

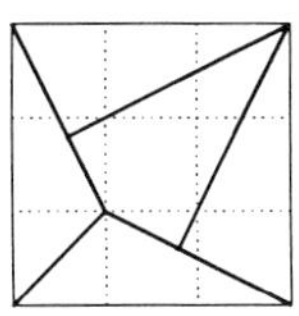

Einheit 389

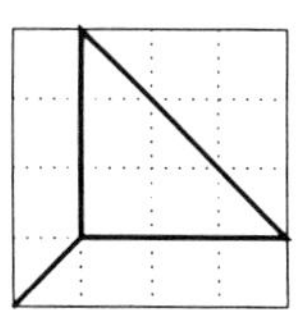

Einheit 463

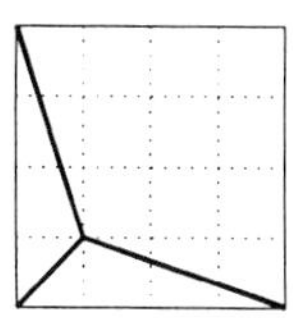

Einheit 466

453
463

452
463

453
466

452
466

453
463

417
452
453
466

390
466

389
466

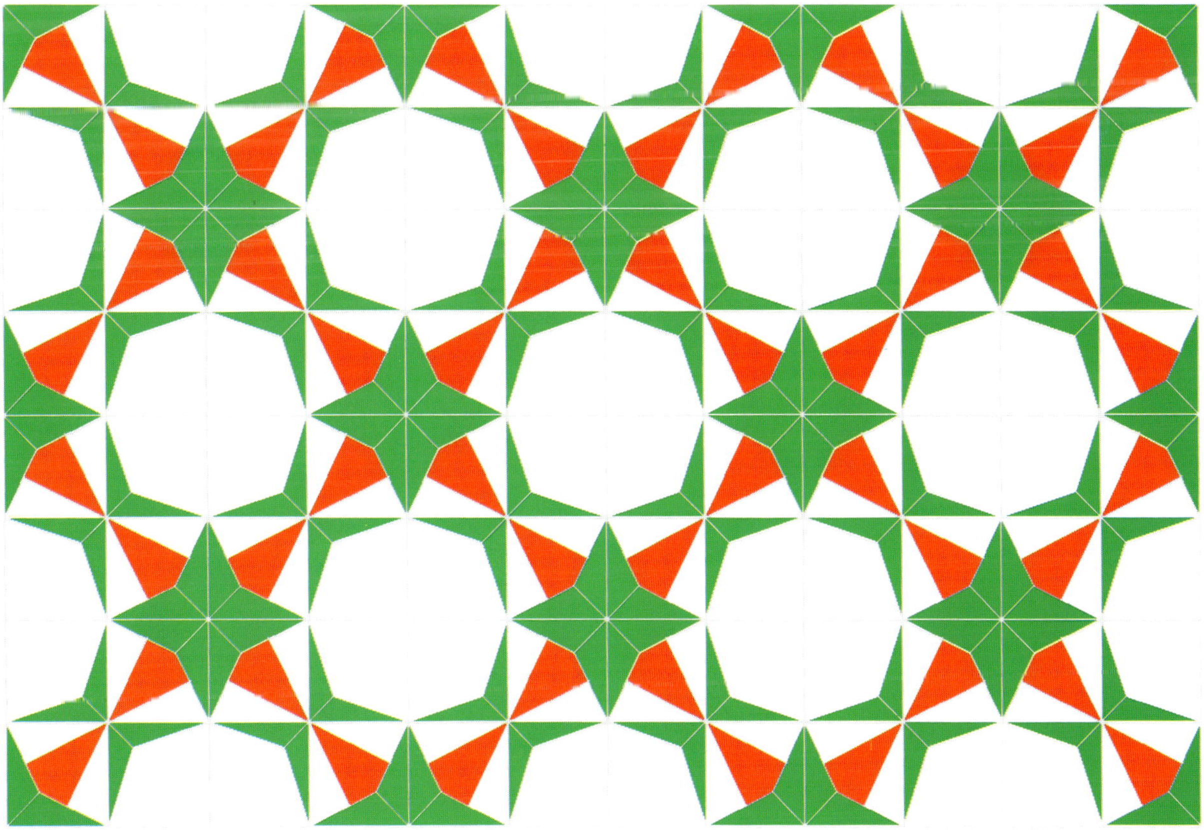

389
466

Schmetterlinge im Winter

Blaue Schmetterlinge, die über zersprungenes Eis fliegen.
Überwurf für ein Doppelbett. Grösse 225 x 225 cm. 1989
Entwurf auf der gegenüberliegenden Seite, oben rechts

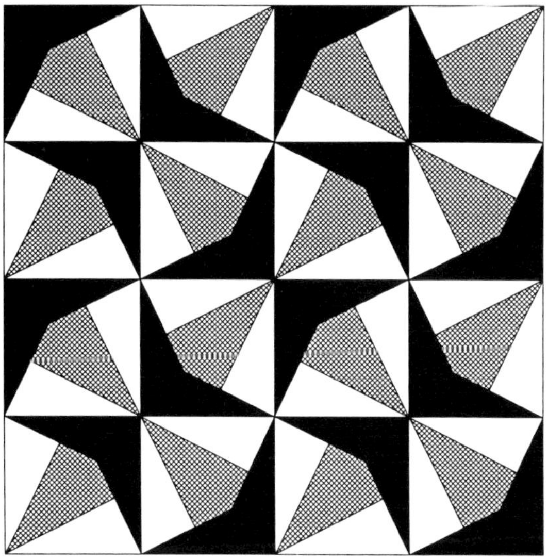

389

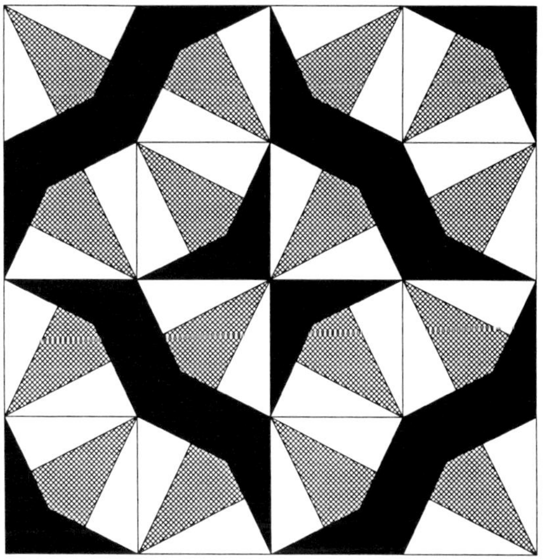

389

389

389

389

389

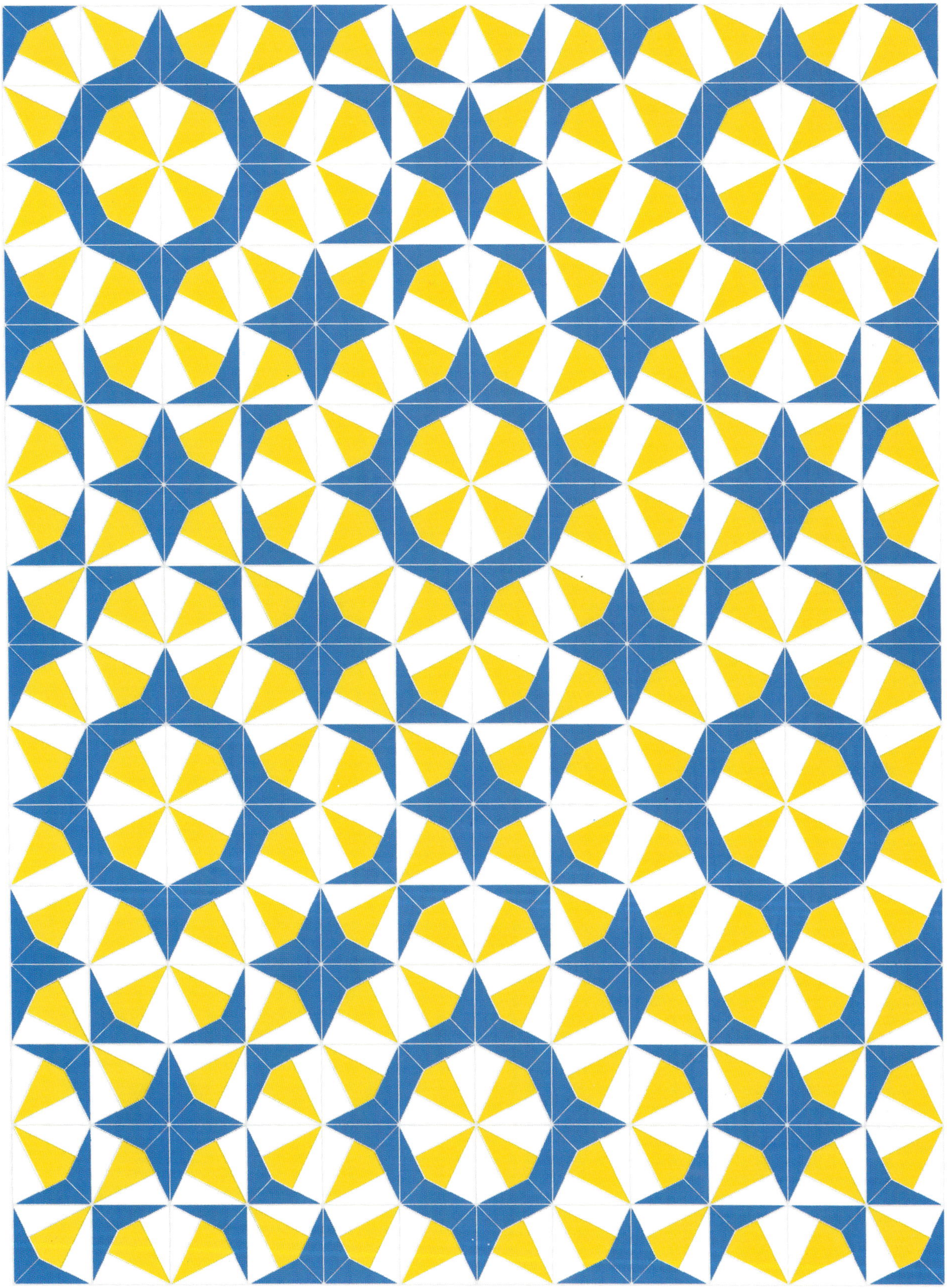

389

388
389
390
466

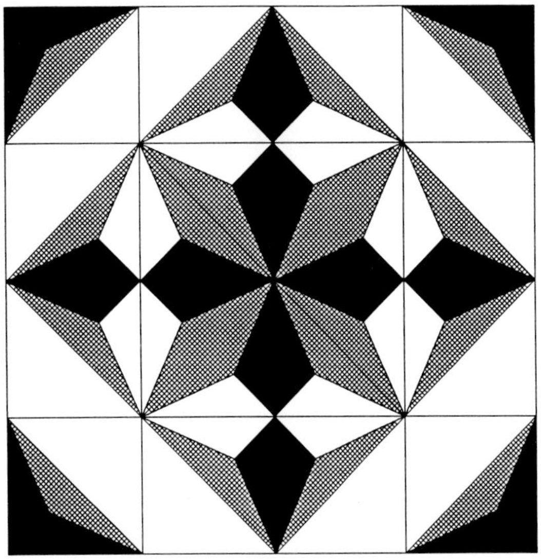

388
390

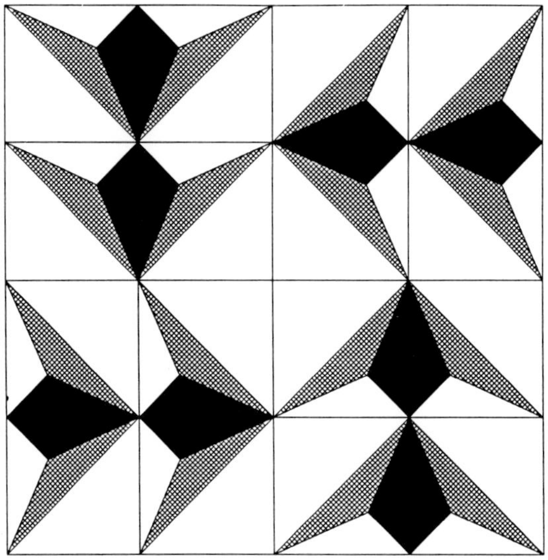

388

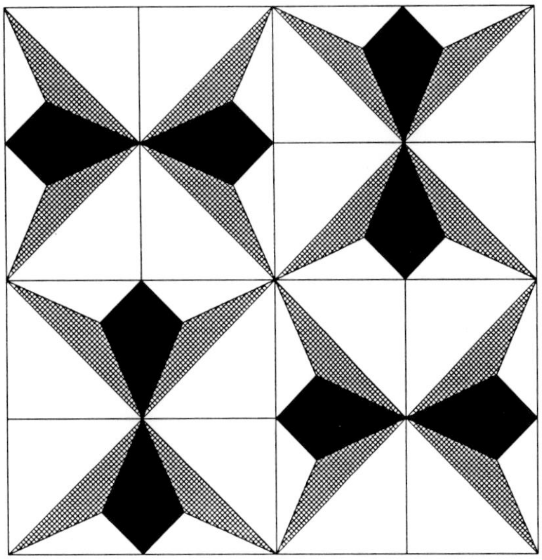

388

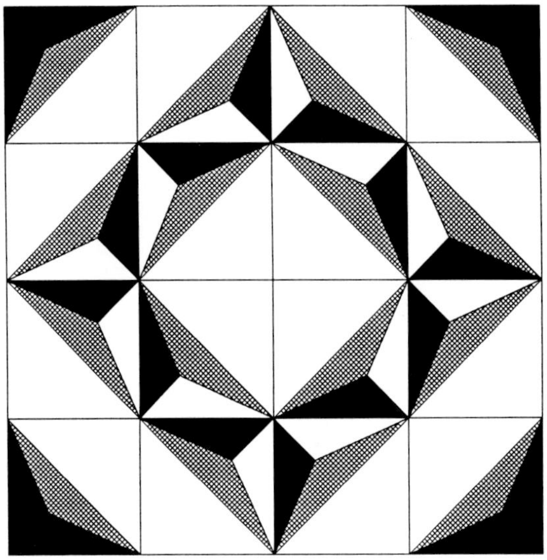

388

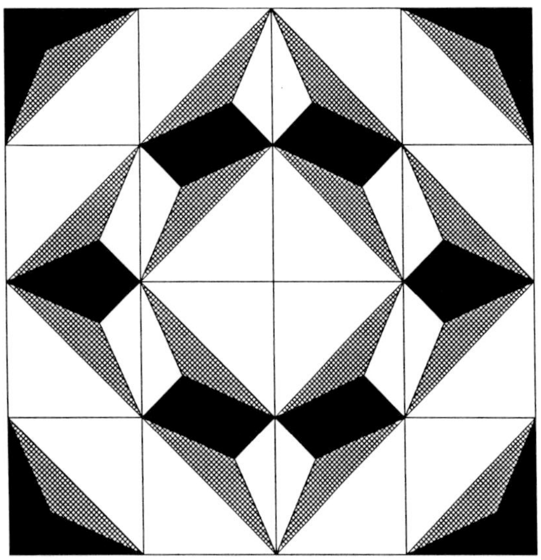

388

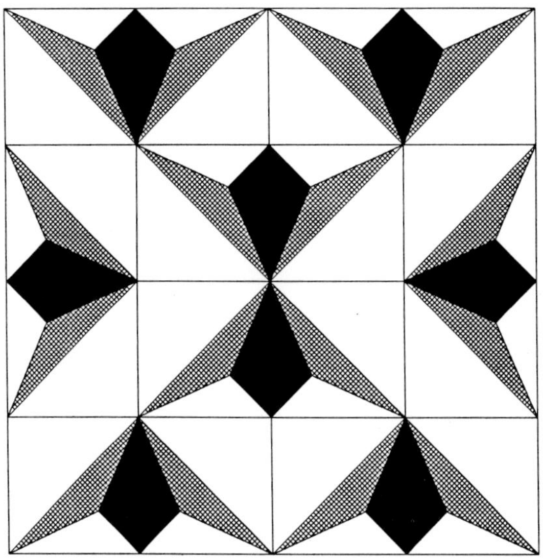

388

466

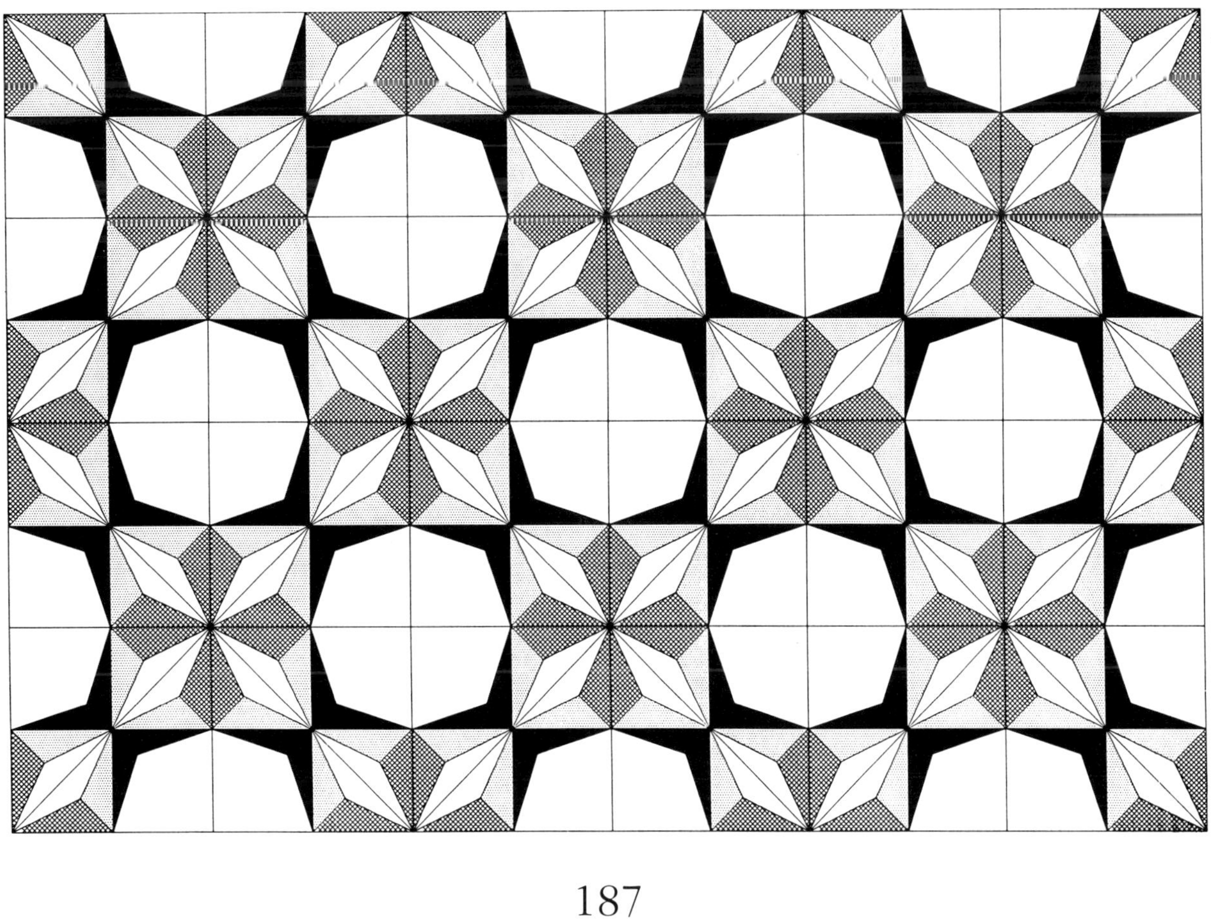

390
466

Fliegender Sommer

Quilt für ein Einzelbett. Grösse 200 x 140 cm. 1991
Entwurf auf Seite 187, oben

Verzeichnis der Einheiten

Sie werden feststellen, dass die Nummern der hier abgebildeten Einheiten nicht direkt aufeinander folgen. Ich habe etwa 500 Einheiten entwickelt, doch es kann nur eine Auswahl effektiv in einem Buch verwendet werden. Die Nummern, die neben jedem Entwurf in diesem Buch abgedruckt sind, entsprechen der Einheit, die hier in diesem Verzeichnis abgebildet ist.

Die einfachsten Einheiten

101

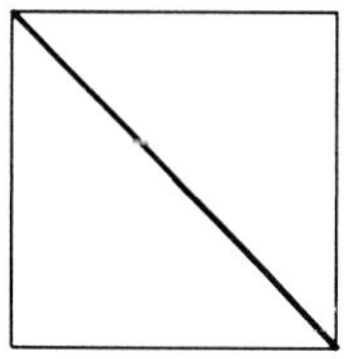
102

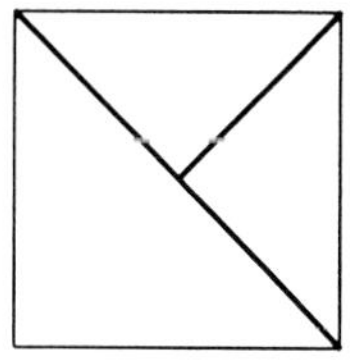
113

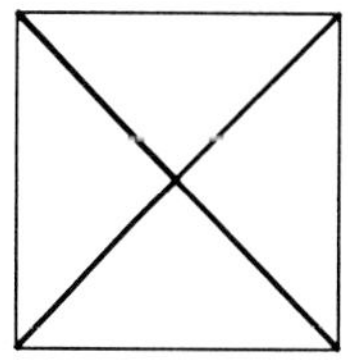
114

Einheiten, die auf einem Gitter aus zwei mal zwei Quadraten beruhen

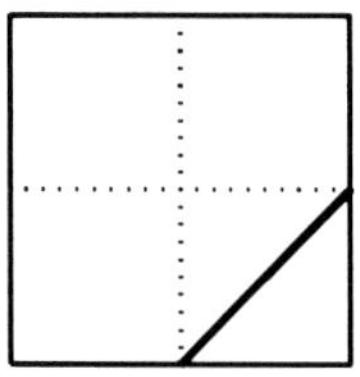
201

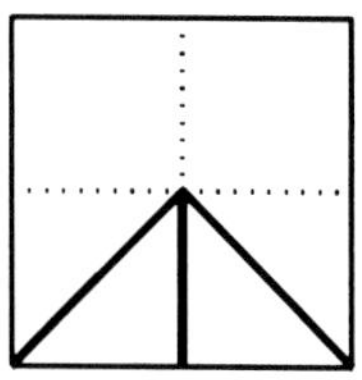
203

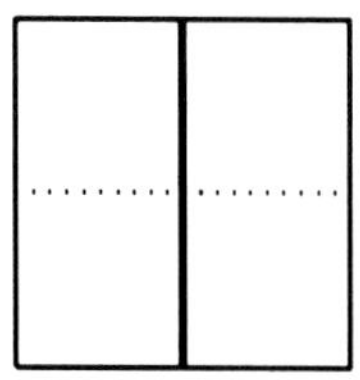
211

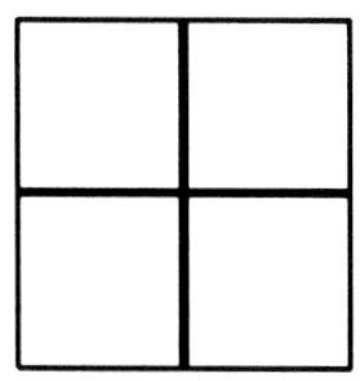
212

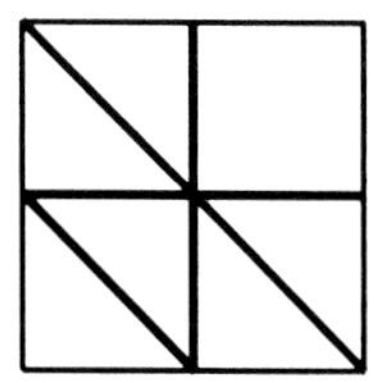
215

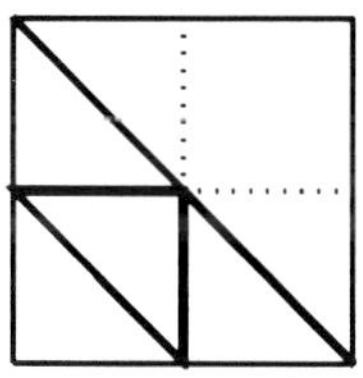
220

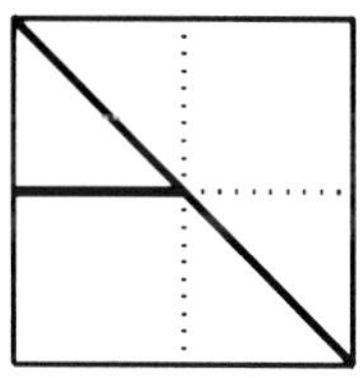
226

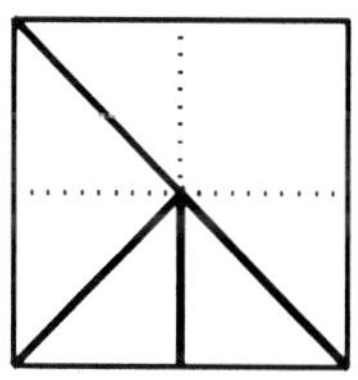
227

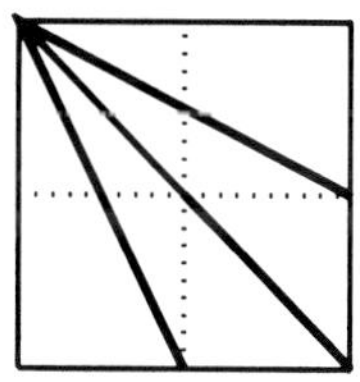
235

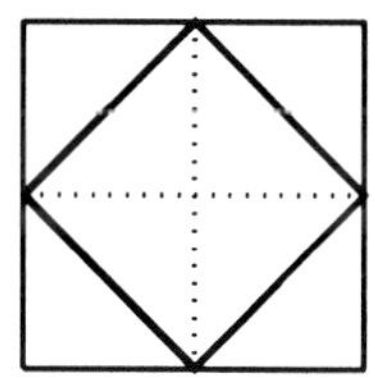
245

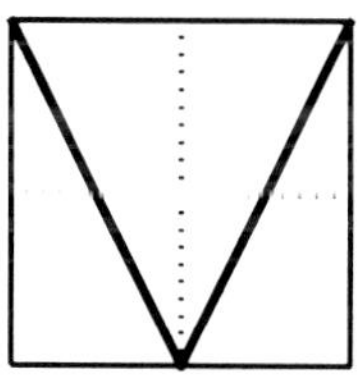
248

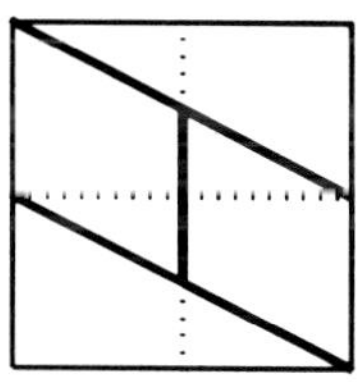
250

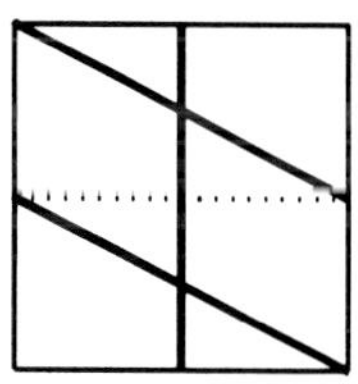
251

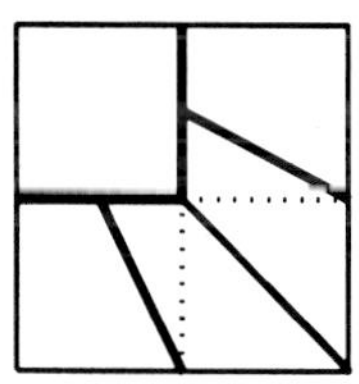
256

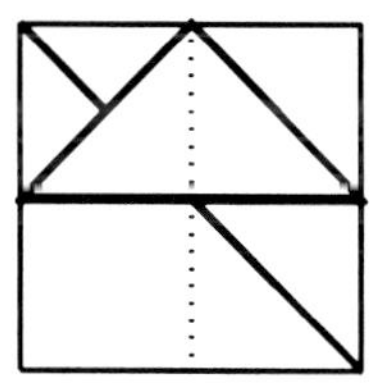
265

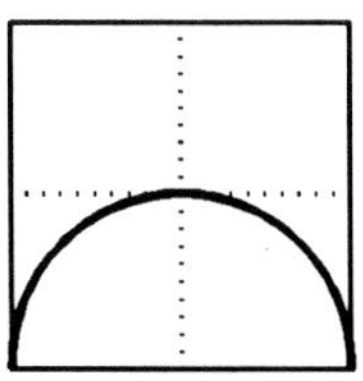
269

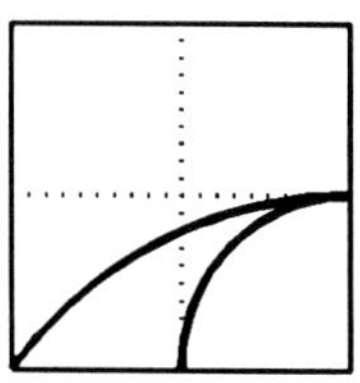
270

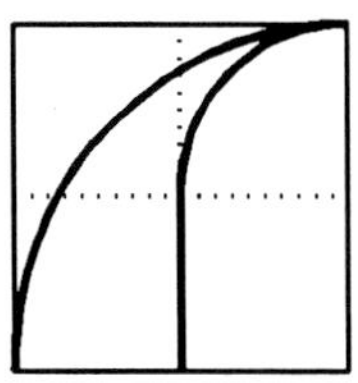
273

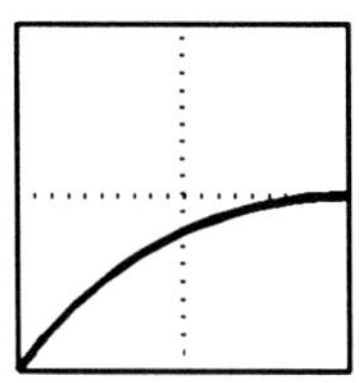
275

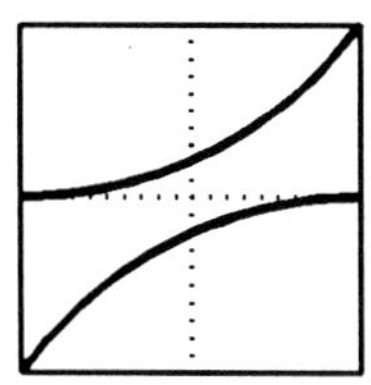
276

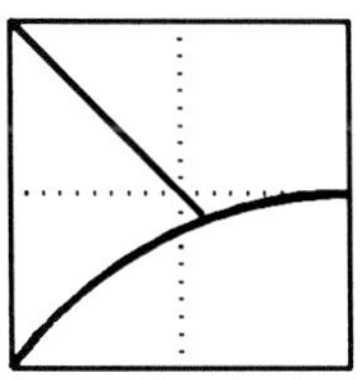
277

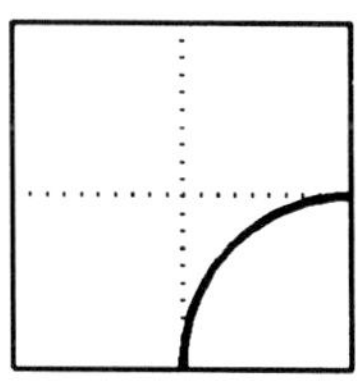
278

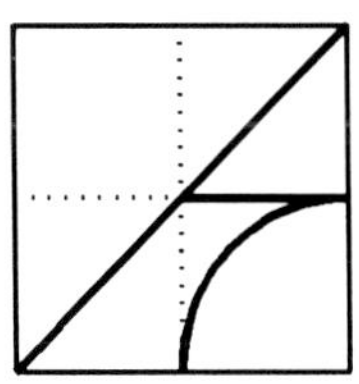
280

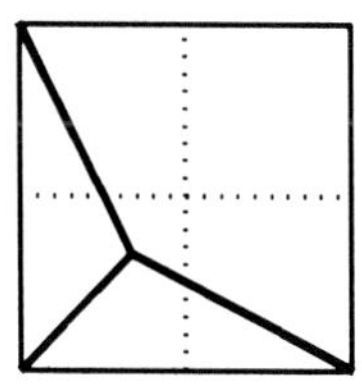
291

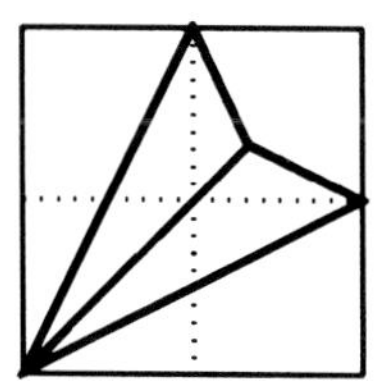
292

Einheiten, die auf einem Gitter aus drei mal drei Quadraten beruhen

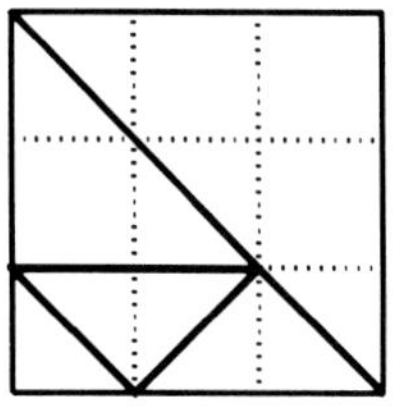
301

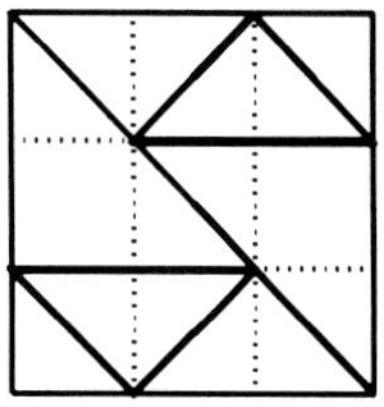
303

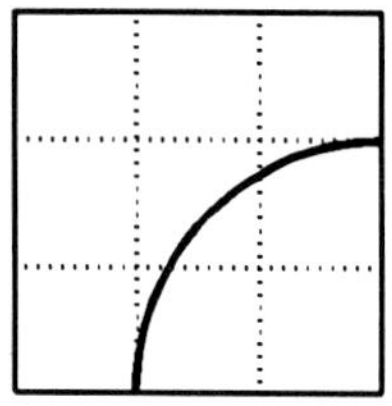
310

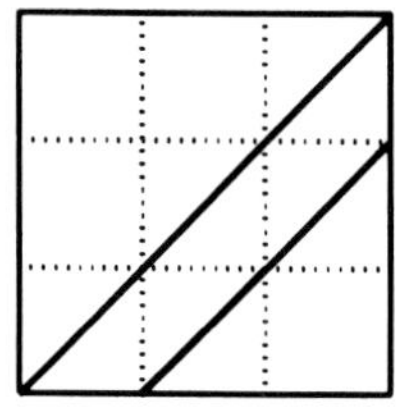
320

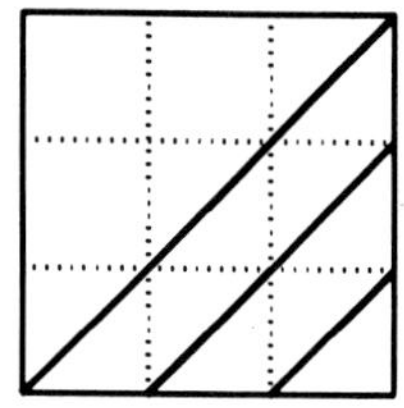
321

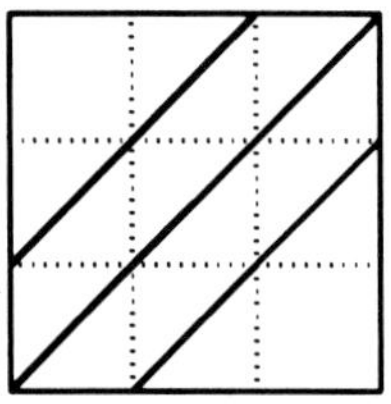
322

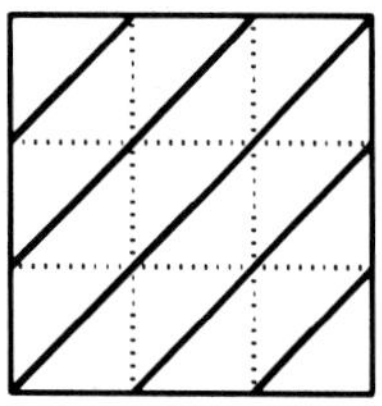
323

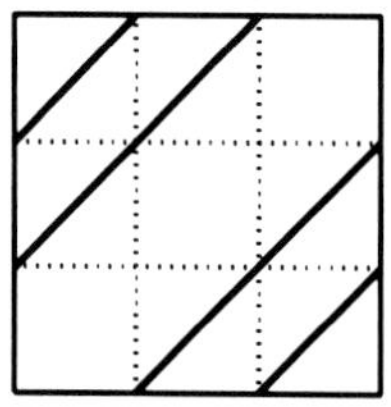
324

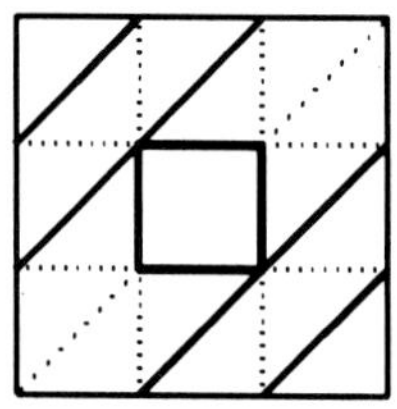
328

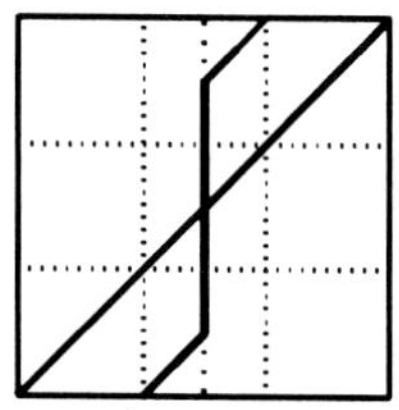
335

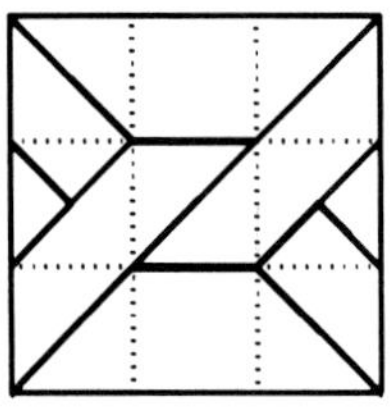
341

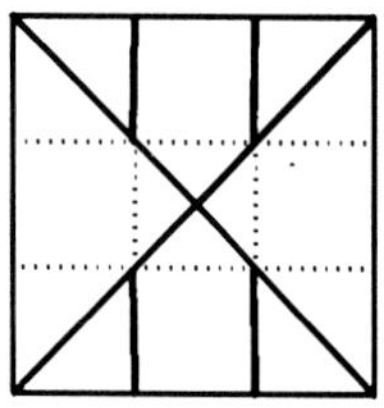
343

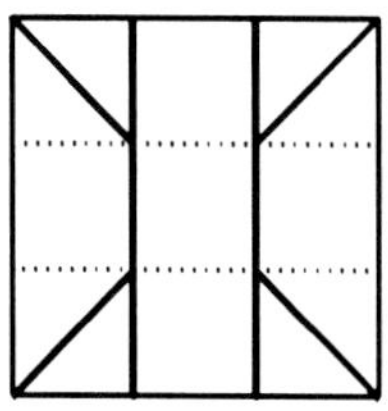
344

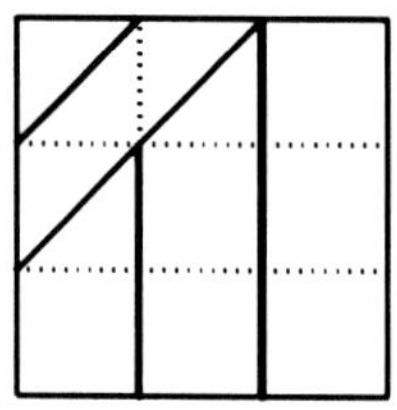
347

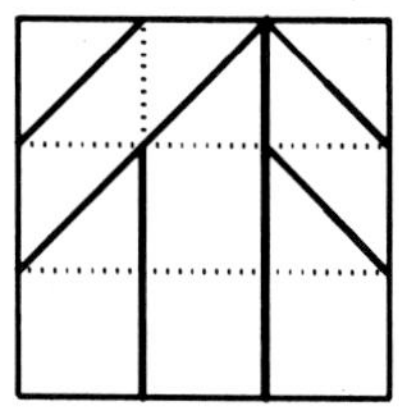
348

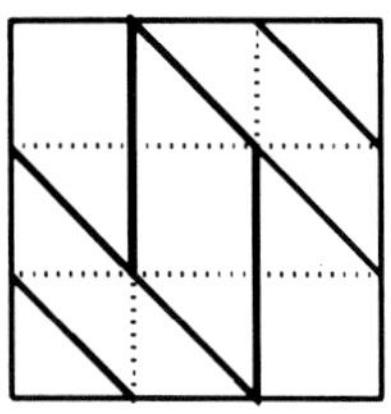
350

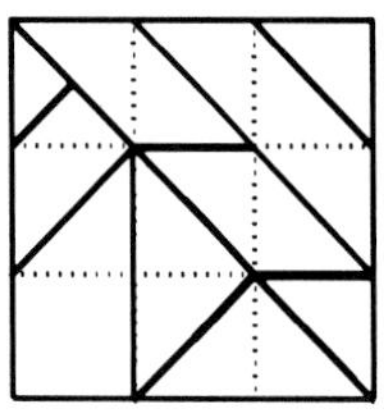
351

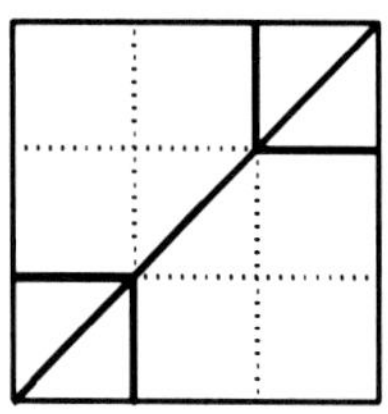
358

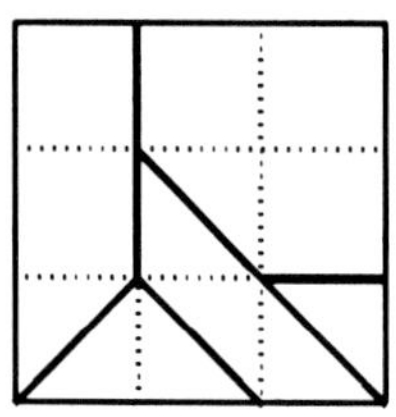
362

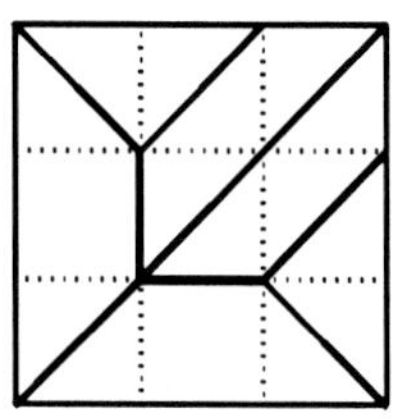
363

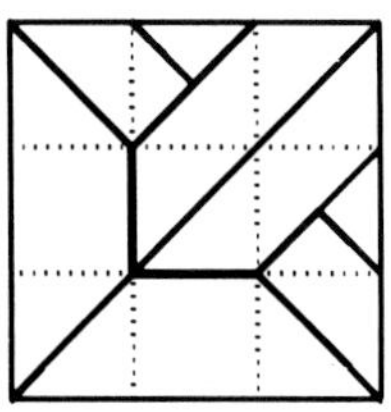
364

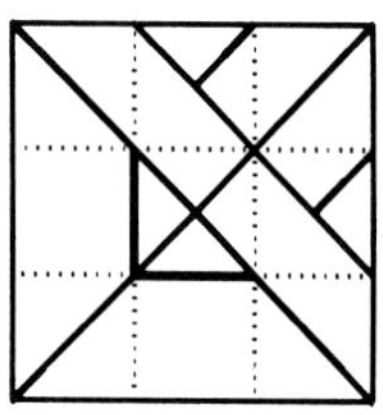
365

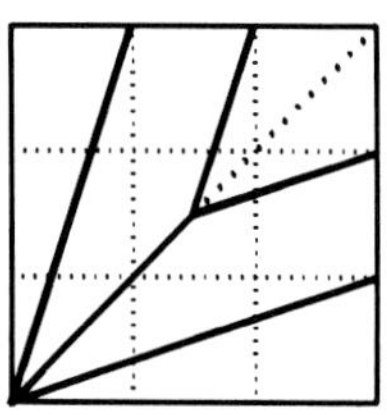
376

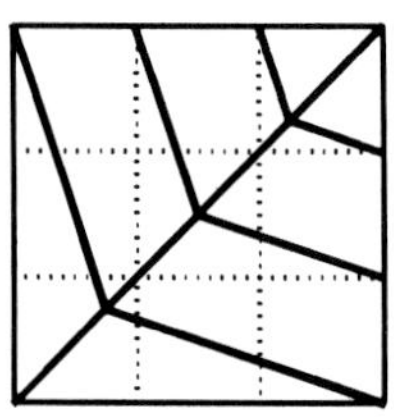
377

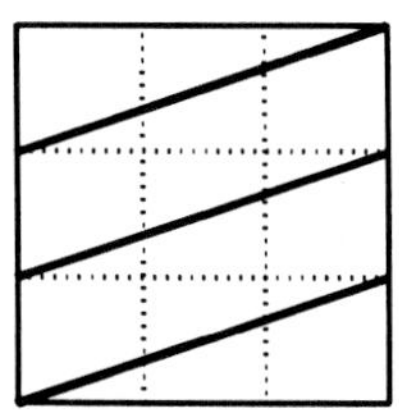
378

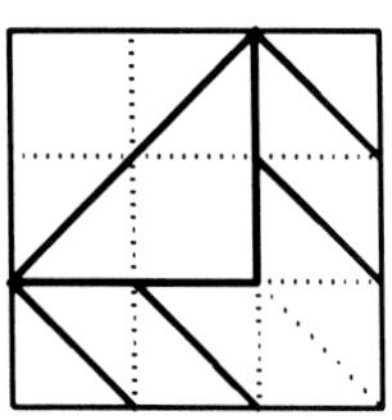
384

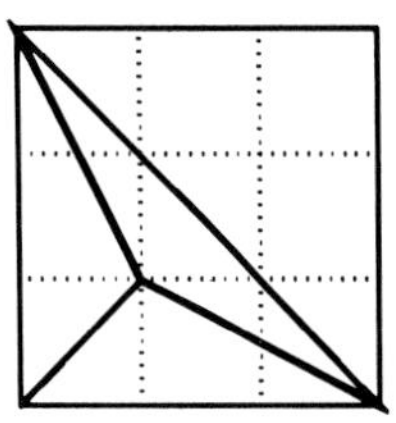
388

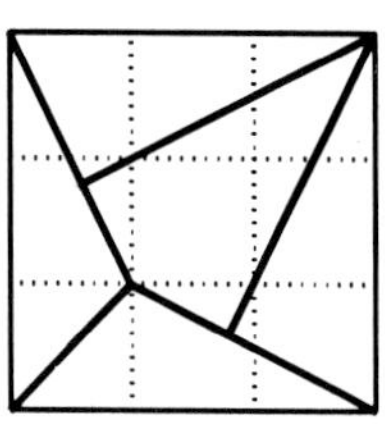
389

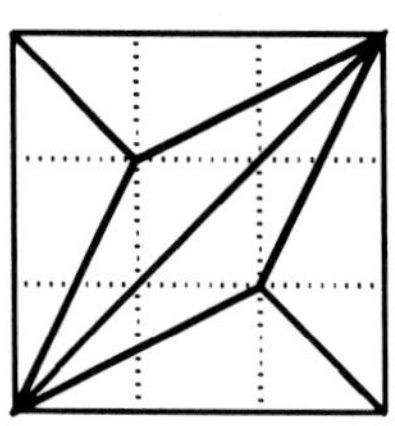
390

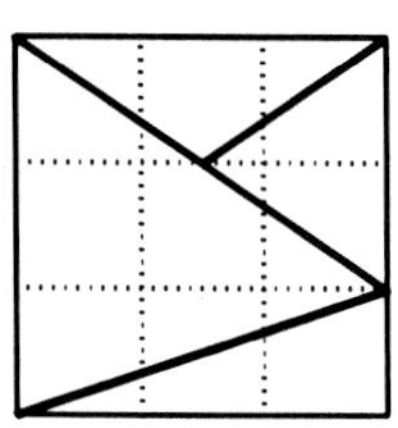
395

Einheiten, die auf einem Gitter aus vier mal vier Quadraten beruhen

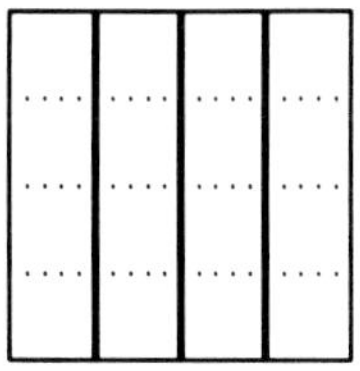
401

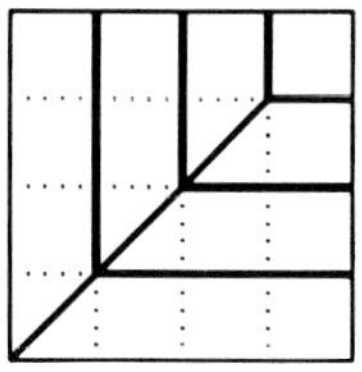
416

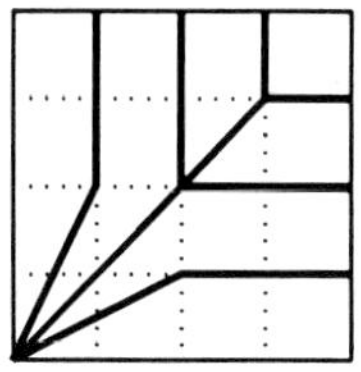
417

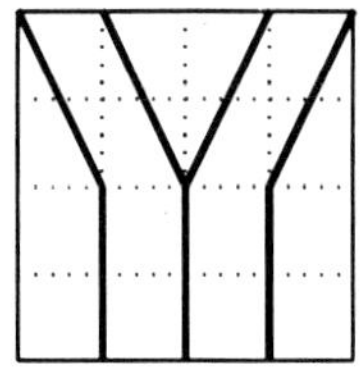
421

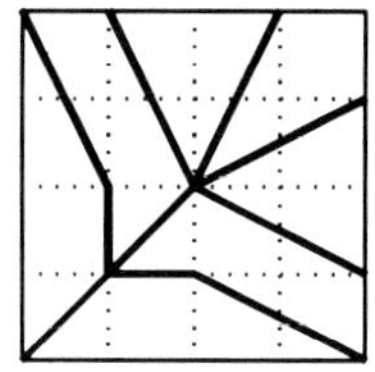
423

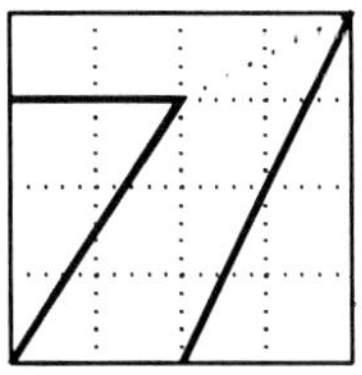
430

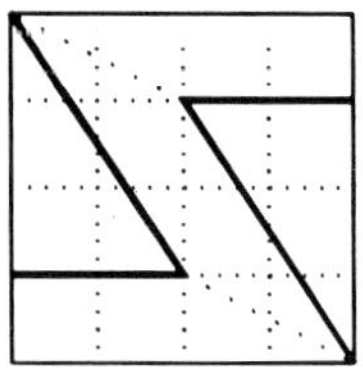
431

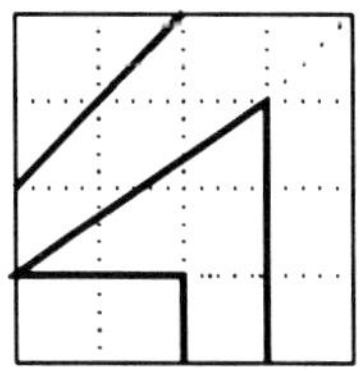
432

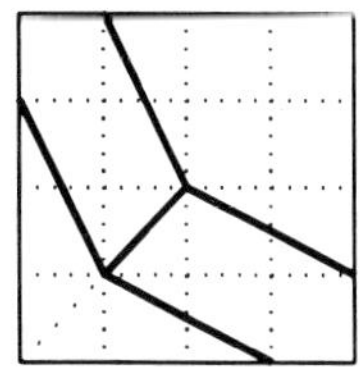
434

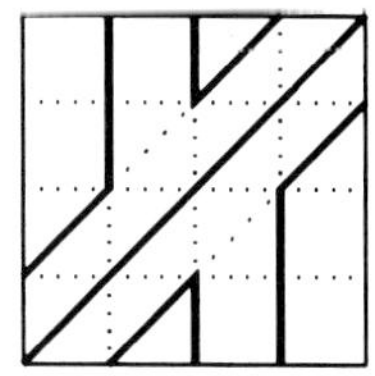
436

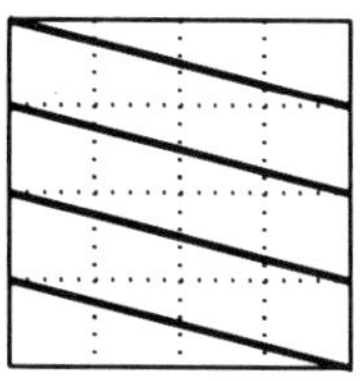
450

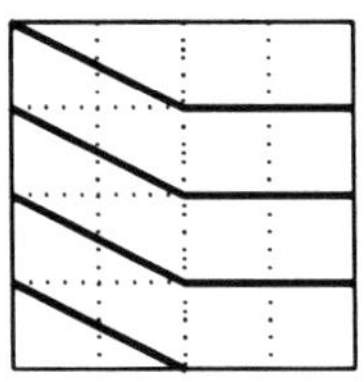
451

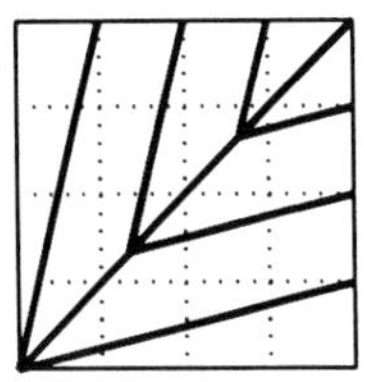
452

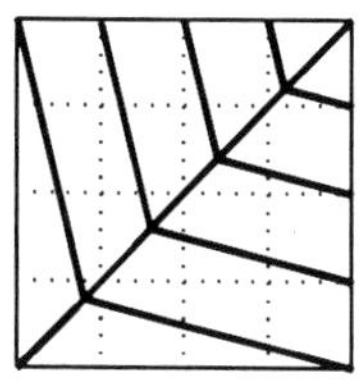
453

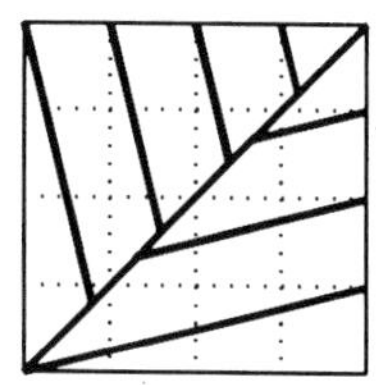
454

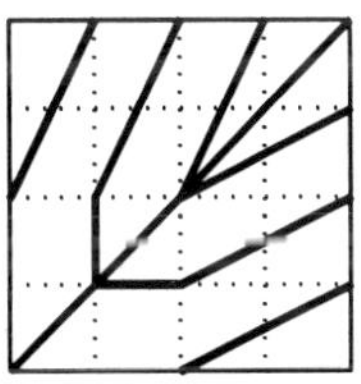
455

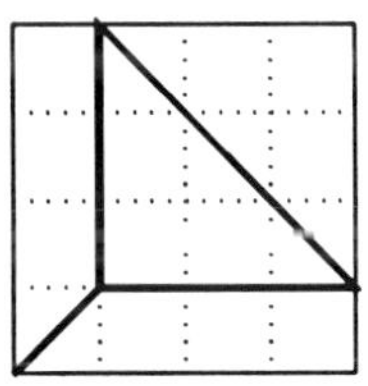
463

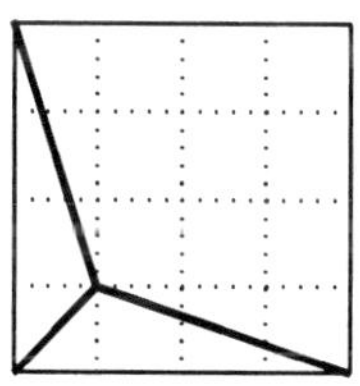
466

Dank

Ich möchte Thea de Kock und Ole Seyffart Srensen für ihre Unterstützung danken sowie Tove Bonnichsen, eine ausgezeichnete Patchworkerin, die durch ihr starkes Interesse, ihre ehrliche Kritik und Realisierung vieler wunderbarer Entwürfe eine Quelle der ständigen Ermutigung für mich war. Ausserdem bin ich meiner Tochter Charlotte zu Dank verpflichtet, die mir mit der englischen Sprache geholfen hat, sowie Paul Biddle für die ausgezeichneten Fotos und Vivienne Wells für die freundliche Anleitung. Gleichzeitig gab sie mir die Freiheit, ein Buch zu schaffen, wie ich es mir vorgestellt habe.

Ausserdem möchte ich all denen danken, die mir Quilts zur Illustration zur Verfügung gestellt haben.

Stichwortverzeichnis

Kursiv gedruckte Seitenzahlen verweisen auf Illustrationen.